> ペア，
> スタンドアップ方式，
> 4人班でつくる！

中学校数学科
学び合い授業
スタートブック

武藤寿彰 著

明治図書

はじめに

　本書は，地方のごく普通の公立中学校での授業実践を，「学び合い」をキーワードとしてまとめたものです。

　創造的な授業を展開するためには，基本的なことを短時間に楽しく確実に習熟させる必要があると思い，取り組み始めた学び合いだったのですが，今では創造的な授業を行うためにも，なくてはならないものになっています。

　本書の中には，「こんな授業でよいのか」と疑問に思われる内容もあるかもしれませんが，批判を恐れず，これまで実践してきたことをできるだけそのときの意図や生徒の様子をそのまま再現する形で書きました。

　学び合いを取り入れることは，数学が苦手な生徒を含めた教室にいる生徒全員と教師の持ち味を生かすことにほかなりません。そんな授業が日本のどこでも当たり前のように展開されることを期待して止みません。

　自分自身の学びを振り返ってみると，生徒が問いをもつことの価値については元静岡大学の岡本光司先生から，ICTを活用することで生徒の探求の幅が一気に広がることはT3Japanで出会った先生方や，愛知教育大学の飯島康之先生の研究グループの先生方から学ばせていただきました。また，静岡市数学同好会，静岡算数・数学教育研究会をはじめ，日数教や関東都県大会での発表，明治図書『数学教育』の連載，さらには龍谷大の大西俊弘先生の授業の中で教員志望の大学生に話をさせていただく機会を得たことも，大きなステップになっています。これまで出会った多くの先生方や真摯に授業に取り組む生徒たちに支えられてきたことに感謝し，引き続き，生徒の創造的な力を育成する授業の開発に精進していきたいと思います。

　最後になりましたが，本書の企画出版に際して，明治図書の矢口郁雄氏から常に温かい励ましをいただき勇気づけられました。厚く御礼申し上げます。

　平成27年4月

武藤　寿彰

Contents
もくじ

はじめに

第1章
なぜ，学び合いを取り入れるのか

1 理想の授業への道のり……………6
2 なぜ学び合いを取り入れるのか……………9
3 学び合いを通して育てたいもの……………14

第2章
学び合いのいろいろな形態

1 学び合いの形態をどう選ぶか……………18
2 となり同士の2人での学び合い……………20
3 スタンドアップ方式による学び合い……………30
4 4人班での学び合い……………35
5 学び合いの意欲や質を高める指導……………37

第3章
学び合いを位置づけた各学年の授業事例

1年

数学の授業開きは0（ゼロ）を学ぶことから	【授業開き】	40
ペア，4人班で乗法の計算練習をしよう	【正負の数】	44
マッチ棒の数え方をみんなで考えよう（第1時）	【文字と式】	48
マッチ棒の数え方をみんなで考えよう（第2時）	【文字と式】	51
マッチ棒の数え方をみんなで考えよう（第3時）	【文字と式】	54
求め方を説明し合おう	【方程式】	58
4人班でxとyの関係を探究しよう	【比例と反比例】	62
作図方法を読み取り，説明し合おう	【平面図形】	66

2年

文字式の意味を読み解こう	【式の計算】	70
班員全員が解けるようにサポートし合おう	【連立方程式】	76
みんなで文章題に挑戦しよう	【連立方程式】	80
距離と時間のグラフをみんなで考えよう	【一次関数】	84
地球温暖化レポートを4人班で作成しよう	【一次関数】	88
サイン方式で三角形の合同の証明を伝え合おう	【図形の証明】	92

3年

数の法則をみんなで発見・証明しよう	【多項式】	96
平方根の計算を4人班で追究しよう	【平方根】	102
問題の背景をみんなで探ろう	【二次方程式】	106
4人班で疑問を追究し，レポートを作成しよう	【関数 $y=ax^2$】	112
ボールの落下運動をみんなで探究しよう	【関数 $y=ax^2$】	118
相似な三角形をみんなで探そう	【相似な図形】	124
四角形の形を決める条件をみんなで探究しよう	【相似な図形】	128
証明の仕方を説明し合おう	【三平方の定理】	132

第1章
なぜ，学び合いを取り入れるのか

1 理想の授業への道のり

❶ 基本的なことを，いつ，どうやって習得させるか

　ある授業研究会でのことです。生徒が活躍するすばらしい授業を参観したのですが，そのとき思わずこうつぶやいてしまいました。
　「基本的なことは，いつ，どうやって習得させているのだろうか？」
　通常の公立中学校では扱わないような高度な課題に対して，次々に自分なりの探究を発表する知的好奇心あふれる生徒たち。教師が出る幕もほとんどなく，生徒同士で議論が深まり，授業の大半が進んでいきました。
　もちろん私自身も，これに近い瞬間をまったく経験していないわけではありませんし，このような授業は理想の1つだと思います。
　しかし，多くの中学校では，正負の数の計算に習熟することなど，基本的な学習内容を習得させるために，多くの時間を割く必要があります。時間は限られています。**関心・意欲を含めた，基本的なことを学ぶ「普段の授業」をどうしたらよいのかで，教師たちは日夜悩み，格闘しているのです。**この問題を解決しなければ，発展的な課題を思い切って扱うことはできません。

多くの中学校

| 基本的な学習内容を習得するための時間 | 圧縮  発展的な課題を扱う時間 |

理想は…

| 基本的な学習内容を習得するための時間 | 圧縮 | 発展的な課題を扱う時間 |

❷ 生徒には多様なつまずきがあることを前提としているか

　私たちは，数学が苦手な生徒がいることを前提として授業を行っています。そして，そういった生徒のつまずきは，驚くほど多様です。
　例えば，一次方程式の解法に習熟する授業では，以下のようなつまずきが見られます。

> ●九九や，繰り上がり・繰り下がりのある加減ができない。
> ●正負の数の計算（特に符号の決定）ができない。
> ●式を項の集まりとしてとらえられない。
> ●簡単な同類項の計算ができない。
> ●加減乗除には計算順序があることを理解していない。
> ●方程式の解の意味を理解していない。
> ●「移項」と，「両辺を x の係数でわること」を区別できない。
> ●$3 \div 4$ を $\frac{3}{4}$ と表すことができない。

　こうしてあげてみると，小学校段階の計算や，正負の数の計算，文字式の計算など，本時の核心である「方程式を解くこと」に至る前のところに多くのつまずきのポイントが存在することがわかります。
　前回の授業で理解した（はずの）ことであっても，次の授業で忘れていたり，勘違いして覚えていたりする生徒もいます。そもそも学ぶこと自体に意欲や意味を感じていない生徒もいることでしょう。
　それを意識して，**すべての生徒が同じ土俵に立って考えられるような課題を提示するのはとても難しいこと**で，単に関心を引く課題であればよいというものではありません。

❸ 授業に全員が参加しているか

　冒頭で触れたすばらしい授業には，他にも気になる点がありました。それは，**「全員が参加できる授業になっていたのか」**という点です。

　35人程度の生徒が学ぶ現在の日本の教室では，15人の生徒が発言すれば，それだけで活気のある授業に見えます。しかし問題は，残りの20人が，どこまで授業に参加し，理解できていたのかということです。

　活発に発言する15人ほどの生徒が進める授業の中で，残りの20人はどんな思いでいるのでしょうか。中には，「自分には理解できない」とあきらめて，授業に参加できない生徒がいるのではないでしょうか。

　クイズ番組ならば，正解者が1人出ればOKで，次に移ることができます。しかし，私たちが授業で目指すのは，そんなものではありません。

　私たちが行いたいのは，生徒全員が参加し，そこで「確かに学んだ」という実感をもてる授業です。「どういうこと？」「どうして？」という素朴な疑問を気軽に聞くことができ，その結果，生徒全員が，「そうか，わかった！」「自分にもできる！」という実感をもてる授業です。

　基本的な学習内容を生徒全員が獲得できたうえで，高度で知的好奇心を引き出す課題にもチャレンジし，生徒全員が知的探究に向かう時間をもつことができたら，こんなにうれしいことはありません。

　本書では，学び合いを通して，そんな理想の授業をつくり出すための手がかりを探っていきます。

2 なぜ学び合いを取り入れるのか

❶ 聞くだけの授業の限界―ていねいに説明すればするほど…

　どんなに説明が上手な先生でも，一斉授業において，生徒全員がわかるように説明をするのは，とても難しいことです。

　苦手な生徒にわかりやすく説明しようとすると，ていねいなスモールステップになりがちで，結果として説明が長くなります。すると，どこかでそのステップを踏み外したり，聞き漏らしたりする生徒が出てきます。

　例えば，9割の生徒が理解できる優れた説明であっても，そのステップが5回続けば，$0.9^5 ≒ 0.59$と，最後まで理解できる生徒は6割に減り，10回続けば，$0.9^{10} ≒ 0.35$と，大半が理解できない状態になってしまいます。

　また，一つひとつの説明はわかったとしても，ステップが多くなると，説明同士の関係が理解できないことから，話についていけなくなってしまう生徒も出ることでしょう。

　苦手な生徒のためにていねいに解説・説明しているはずなのに，苦手な生徒は理解できず，はじめからわかっていた生徒だけが理解を深めているという，何とも皮肉なケースに陥ることも，よくある，笑えない笑い話です。

❷ 一斉授業で全員が発信することの難しさ

① 発言する機会を与えたとしても…

　発言する機会を与えたとしても，積極的に挙手して全体の前で発表できる生徒ばかりではありません。

　全体の前で発表できる生徒を増やすのはとても大事なことですが，学級全員を発表できるようにするのは，難しいことです。

　ましてや，**「わかりません」「なんでそうなるの？」と，授業の流れを止める，勇気ある発言ができる生徒というのはごく少数**に限られており，中学生という発達段階を考えても，学級全員にそれを求めるのはとても難しいことです。

② 時間的な制約の中で

　例えば，学級に35人の生徒がいるとして，全員に発言させることを考えると，1人が20秒ずつ発言するだけでも約12分かかり，1人が1分なら35分もかかります。

　一斉授業では，だれか1人が発言している間は，他の生徒はそれを聞いていることになります。全体の集中力がもつような発言をすべての生徒にさせることも難しく，結果として，生徒全員が全体の場で発言する機会は，なかなかつくれません。

　そこで，一方通行の学習にしないためには，**できるだけ多くの生徒（できればすべての生徒）が，短時間であっても，気軽に発信できる機会を設けるように工夫する必要がある**のです。

　そのための有効な手段の1つが，生徒同士の学び合いの場を設けることだと言えます。

❸ 学び合いは，発信する機会を一気に増やす

　生徒同士の学び合いによる学習の仕方については，学習院大学の佐藤学氏の「学びの共同体」や，上越教育大の西川純氏の「学び合い」が有名で，それぞれに流儀のようなものがあり，違いがあります。
　本書で紹介する学び合いは，もっと気軽で，多様なものです。
　4人の班で一緒に難しい問題をじっくり考え合うことも行いますが，となり同士で簡単に答えられる問題を出し合ったり，「どういうこと？」と気軽にまわりの生徒に聞き返したり，それに答えたりする，授業のスパイスのようなやりとりも含めて，**すべての生徒が自由に出力しやすい機会を授業時間の中に設定すること**を学び合いととらえています。
　学び合いの場を設定することにより，生徒1人当たりの活動量が増え，学習が一気に活性化します。これにより，生徒全員が発信する，主体的に学ぶ機会を保障できます。「出力」と「入力」の両方の機会があって，生徒自身にも学びの充実を強く実感させられます。

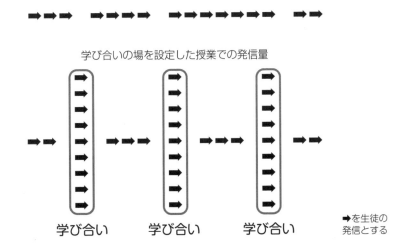

第1章　なぜ，学び合いを取り入れるのか

❹ 学び合いは，生徒の多様なつまずきや個人差に対応できる

　学び合いのよさの1つとして，生徒同士の気軽なやりとりによって，生徒の多様なつまずきや個人差に対応できるということがあります。
　みなさんも，講演会や，その昔受けた高校や大学の一斉授業において，キーとなる用語の1つを聞き逃したり，意味がわからなかったりしたために，そこから先の話が頭に入らなくなってしまった，という経験が一度はあることと思います。しかし，**わからなくなったからといって，進行をストップしてまで質問するのはなかなか難しい**ことです。
　また，**たとえ質問することができたとしても，全体の前では，自分のわからなさをうまく伝えられない**ものです。全体の場で質問しかけた生徒が，思いを上手に伝えられないために，「やっぱりいいです」と言って引き下がってしまうことも，教師であればだれしも経験しているはずです。
　そんなとき，学級全体や教師ではなく，近くの友だちに，「今の，どういうこと？」と気軽に聞くことができたら，生徒にとってどんなにありがたいことでしょう。このように，学び合いの場を設定することには，**授業の流れに乗り遅れた生徒に，授業に復帰するチャンスを与えられる**よさがあります。
　また，人間関係がある程度できている生徒同士での学び合いなら，質問をうまく表現できなかったとしても，「きっとこういうことを言いたいのだろうな」と**受け手の生徒が考えて言葉を補ったり，聞き直したりして，質問の意図を共有し，適切な支援が行われる**場合があります。
　もちろん，必ずしもうまくいく場合ばかりではありません。しかし，35人程度の生徒に対して教師1人という環境下では，生徒の多様なつまずきに対応するよい手だては，他にはなかなか考えられません。
　生徒の実態に応じて，例えばコース別学習を設定し，いくつかのヒントプリントなどを用意したとしても，それでは対応できないほど多様で，思いがけないつまずきや個人差が存在しています。

❺ 生徒にゆだねる思い切りと枠組み・ルールの必要性

① 生徒にゆだねる思い切り

　少人数の生徒同士でのやりとりを授業に取り入れると，教室の中のあちらこちらで生徒の発信が同時に行われますが，そのすべてを1人の教師が把握することはできません。生徒同士がやりとりすると，中には，間違った考えがやりとりされることもあるでしょう。

　学び合いの場を設定する際には，**「それでもよい」という教師の思い切りが，まずは必要**になります。一方的に説明を聞くだけの受身の学習よりもよいのだと思えるかどうか。学び合いを実践するうえで，ここは，どうしても乗り越えなければならない壁です。

　聞いて受け止めるだけの学習では，たとえどんなに正しい話が教室に流れたとしても，どれだけの生徒が正しく聞き取り，理解できたかがわかりません。学び合いでは，多くの生徒が発信することから，誤解している生徒がいることも明らかになります。

　発信と受信の双方をする機会がある学び合いの方が，主体的に学ぶ生徒が増え，結果として価値ある学びが生まれるのだと教師が思えるかどうかが，出発点になります。

② 枠組み・ルール

　もちろん，ただ生徒にゆだねるだけでは授業は成立しません。教師の想定外のところで大半の生徒が混乱しているようであれば，学び合いを止めて，全体に指示や指導をすることも必要です。

　学び合いを有効に進めていくためには，その**フレームやルールを生徒に明示し，個々の学びを把握するシステムを設けて，環境を生徒と共に整えていく必要がある**のです。

3 学び合いを通して育てたいもの

❶ 21世紀を生きる若者たちに求められているもの

　学校は，子どもをよりよく育てるための場所です。
　昔からよく言われる「知・徳・体」のように，知識を豊かにして知恵を磨き，徳や品格を身につけ，精神的にも体力的にもたくましく成長するための場でありたいものです。
　当然のことながら，数学教育を通して培うものは，ペーパーテストができるようになることだけではありません。「数学的な活動の一層の充実」や，「言語活動の充実」が重要視されているのは，そんなところを意識してのことだと言えるでしょう。
　自分の考えや理解したことを，わかりやすくまとめて伝える力が，21世紀を生きる若者たちには求められています。

❷ 協働して，チームで物事を進める力を育てる

　自分1人で考えて発信するだけでなく，球技のチームプレーのように，**周囲と協力して何かを完成させること**が，数学授業の中でもときにはあってよいはずです。企業でも学校でも家庭でも，1人で仕事を行うより，何人かがチームになって，役割や責任を分担しながら遂行することの方が多いからです。
　だとすると，数学の授業でも1人で問題を解決するだけではなく，メンバーの力を把握して，目的に向かってそれをどう引き出すのかという「リーダーシップ」や，リーダーに協力して，自分の持ち味を出して，集団にどう貢

献していくのかという「フォロアーシップ」をはぐくむ場があってもよいはずです。

❸ 人間的な向上を目指して

　数学教育を通して育てたいものは，知的な能力だけではないはずです。数学教師であれば，数学を学ぶことを通して，生徒の人間的な成長を図りたいと願っているはずです。

　世の中に出れば，正解のある問題ばかりではありません。ですから，自分だけで考え抜いて解決する力を育てるだけではなく，**疑問を感じたときや，わからなくて困ったときには，それを素直に人に尋ねる勇気**を育てることも，大切なことです。

　いろいろな人とのかかわりの中で学ぶためには，違いのある相手を受け入れる必要があります。相手のよさを知り，相手を大切にすると同時に，自分自身の考えを正しく主張し，その中で新しい知見が生まれることを経験できれば，どんなにすばらしいことでしょう。

　学び合いを通して，教室の学習形態や人間関係を，生徒自身も大事なものだと思えるように導き，生徒と共によりよい学びの場を醸成していきたいものです。

生徒の学びをとらえ高める「振り返りカード」

　生徒の学びをとらえ，刺激し，次の授業に生かすために，授業の終わりに「振り返りカード」を書かせ，毎時間欠かさず評価して生徒に返しています。

　当初は，生徒に問いを常に書かせる機会と考えていましたが，継続していく中で改良を重ね，問いだけでなく，数学的な見方・考え方につながる記述や，わかったこと，よりよい学び方について書かせることにも価値があると感じ，現在は下のような形式になっています（A4判表裏，授業20回分）。

　評価の観点を表上部に文章で表し，観点に合致する記述があれば右側の□にチェックし，何が評価されたのか生徒にわかりやすくしています。これで，コメントを書かなくても生徒に教師の意図を短時間で的確に伝えられます。

　また，学び合いをベースにしている現在では，生徒に委ねる部分が多いだけに，生徒の様子をとらえるうえで，なくてはならないものになっています。

　本書で紹介する授業事例では，この「振り返りカード」の記述から生徒の創造的な発想をとらえ，授業を展開していった様子が随所に登場します。

第2章
学び合いのいろいろな形態

1 学び合いの形態をどう選ぶか

❶ 学び合いの形態

　本書では,「となり同士の2人」「スタンドアップ方式(メンバー自由,2～5人程度)」「4人班」の3種類を,目的,課題の難易度,時間,生徒の実態に応じて使い分けることを提案します。

学び合いの形態	ポジション	目的		課題の難易度	時間
		確認・習熟	発見・探究		
となり同士の2人(ペア)	立つ	◎		易しい ↕ 難しい	短い ↕ 長い
	座る	○	○		
スタンドアップ方式(メンバー自由)	立つ	◎	○		
	できた生徒のみ立つ	◎			
4人班	座る	○	◎		

　より有効な学び合いが行われるためには,それぞれの形態の特徴をつかみ,集団の実態と目的に応じて,使い分ける必要があります。

❷ メンバーを固定するか,自由にするか

　となり同士の2人や,4人班のようにメンバーを固定すると,全員が必ず

参加しなければならない環境になるので，最初はここから始めるのがよいでしょう。とはいえ，人間関係がしっかりでき上がっているとは限らないので，生徒の取り組む状態をよく見て，適切に指導・支援をする必要があります。

スタンドアップ方式のようにメンバーを生徒の自由に任せると，学ぶ雰囲気をきちんとコントロールする難しさはありますが，人間関係ができている者同士が集まるので，うまく機能すれば，より活気のある学び合いが生まれます。またこの方法は，学級の人間関係がどうなっているのかを把握できるというメリットもあります。

❸ 問題の難易度と，与える時間の長さによって

学び合いを行う時間の長さによっても，形態は変わります。
比較的簡単なキーとなる学習内容を確認したり，核心を突く生徒の発言を確認したりするためなら，授業のスパイスのように，１分程度の短時間の学び合いを取り入れます。この場合，全員が活動していることを把握するために，立って行わせることが有効です。
反対に，じっくりと取り組ませたり考えさせたりする必要がある難易度が高い課題を扱う場合は，人数にかかわらず，いすに座っての学び合いを行わせます。

❹ 学び合いのフレームを明確にする

いずれにしても，学び合いでは生徒に自由な活動を許すことになります。そこで，学び合いに入る前に，最低でも「課題」（何について，なぜ学び合うのか）と「時間の目安」という２つのフレームを明示することが必要です。
さらに，折に触れて，学び合いをすることの価値やよさについても話をして，学び合いをよりよいものに高める刺激を意識的に教師が与えることも重要です。

2 となり同士の2人での学び合い

❶ となり同士の2人での学び合いのよさ

① となり同士で確認するよさ

　となり同士のペアなら，日ごろから近くにいるため，お互いの得意なこと，苦手なこと，興味のあることなどがある程度わかっています。もともと教室の座席は人間関係を考慮して決定していることが多いので，結果として，となり同士のペアでの学習は，有効な学び合いが成立しやすくなります。
　わからないところは生徒によって違いますが，小さなつまずきであれば，となりの生徒に少し聞くだけで，「あぁ，そうなのか」となることも多々あります。ぼんやりして，よく話を聞き逃す生徒もいますが，となり同士で確認する時間を設ければ，「ちゃんとやろうよ」と声をかける生徒もいるでしょうし，「何をやってるの？」「これ，どうするの？」などと気軽に聞くことで，再び学習に参加できる生徒も増えます。
　また，座席を大きく動かさないため，気軽に何回でも行えるという利点もあります。
　全員がわかっているべき大事な内容であればあるほど，「となり同士で確認しよう」もしくは，「周りで確認しよう」という機会を，積極的に取り入れていきたいものです。

② 気軽にとなり同士で確認させることで

　例えば，座標がわかっている点を，グラフ上に書き入れる問題などは，「教科書のグラフ上で，（－2，0）の点を指さしてください。それでは，

正しいところを指しているかどうか、となり同士で確認しよう」
というように指示して、となり同士で数問確認すれば、ほとんどの生徒ができるようになるはずです。

　方程式の利用の文章題で問題をしっかり把握させるために、
「何を求めるのかを書いてある文に波線を引こう」
という場面でも、正しく引けているかどうかを、となり同士で確認させるだけで、全体の取り組みが変わってきます。

③ 電卓やICTを利用した学習で

　ICTを生徒に利用させるときも、ペアでの学習が大変有効です。

　機器を使ってダイナミックな学習をさせようと思っているのに、機器の使い方でつまずいて学習が止まってしまうようでは意味がありません。つまずく生徒のすべてに教員が対応しようとしても、たいていは間に合いません。そんなとき、となり同士で相談しながら学習を進めさせると、得意な生徒がリードして、多くの場合うまくいきます。

④ うまくいかない場合を生かして

　もちろん、となり同士の生徒の人間関係がうまくいっているとは限りません。中には、周囲を強く拒絶している生徒もいます。しかし、まわりで楽しそうに学習に取り組んでいると、何かのきっかけでやりとりができるようになる生徒もいます。

　また、黙って聞かせているだけの授業では見つけ難い、その生徒なりの困り感（うまくできない理由）を聞き出すきっかけにもなります。

❷ 音声計算トレーニングの利用

① 音声計算トレーニングとは

　愛知教育大の志水廣先生が開発された「音声計算トレーニング法」は，基本的な学習事項に習熟するためのペアでの学び合いとして，大変優れた方法です。

　計算問題が表形式で並んでいる用紙（表が問題，裏が解答）を互いに手で持って，一方の生徒は（Aの生徒とします）念頭で計算して答えを声に出し，もう一方の生徒（Bの生徒とします）は解答を見ながら相手の生徒の答えが正しいかどうかを確認していきます。これを，1分間計ってA，Bの役割を交代して行い，何問解けるかを記録して，記録が伸びるように全力で取り組ませます。

　問題は，下の図のように①から④の順で答えさせるようにします。これにより，カードに書かれた問題を4回解くことになります。問題を解く速度が速い生徒も，遅い生徒も，1分間でいくつ正解できるのか，自己記録の更新を目指して取り組むことができます。

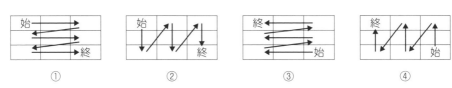

※詳しくは，『中学校数学科　志水式音声計算トレーニング法』（志水廣・横田茂樹 著，明治図書，2006年）や，動画（https://www.youtube.com/watch?v=lAa9XhnbPWw）でご覧いただくことをおすすめします。

② 音声計算トレーニングのよさ

音声計算トレーニングのよさとして，大きく以下の3点をあげることができます。

> ●念頭での計算処理なので，短時間に多くの問題をこなすことができ，書いて答えるよりも判断・処理のスピードが磨かれる。
>
> ●同じ問題に繰り返し挑戦するので，解法パターンを認識・理解・習熟しやすく，結果を毎回記録していくことで，できるようになったことを実感しやすい。
>
> ●わからないときに，1人での学習では，あきらめるか，教師が指導に来るのを待つしかないが，ペアでの学習なので，ヒントをもらったり，励ましてもらったりしながら粘り強く取り組むことができる。

しかし，やっているうちに答えを暗記してしまい，問題とは関係なく，単に答えを唱えるだけになってしまう生徒も出てきます。

同じ問題を同じ順番で答えることになるので，となりの生徒の声をそのまま復唱してしまうことも起きます。

そこで，意味のある学び合いとするための工夫が必要になります。

③ 音声計算トレーニングを学び合いにするためのルール

音声計算トレーニングはペアで取り組み，Aの生徒の答えが正しければ，Bの生徒は「ハイ！」または「OK」，間違っていればその場で「違う！」や「STOP」と言って，Aの生徒に再度答えさせます。

私の教室では，Aの生徒が自力で正しい答えが出せないときは，Bの生徒がヒントを与えてもう一度Aの生徒に答えさせ，それでもわからない場合は，

Bの生徒が「どう考えると正解を出せるのかを教える」というルールを定めています。

これにより，基本的な内容をその場で確認して，わからなければ教え合うことになるので，短時間ながら，生徒の計算処理能力が飛躍的に伸びることが期待できます。さらに，どちらかが声を出している状態になるはずなので，どのペアの取り組みが停滞しているかを，教師が把握しやすくなるという利点もあります。

問題と解答が決まっているのでかかわりやすく，ペアでの学び合い（人間関係づくり）の導入段階に行う場合も，大変有効な方法です。

④ 音声計算カードづくりの工夫

学び合いとは直接関係しませんが，音声計算カードを作成する際は，この単元で何を重点的に理解させるべきか，どんなところで生徒はエラーしやすいのか，といった点に配慮する必要があり，継続的にカードを作成し蓄積していくことで教師自身の指導力を上げる機会にもなります。

例えば私は，文字式の計算のカードで，次のように，＋と×では結果が大きく違う問題を連続して取り上げました。

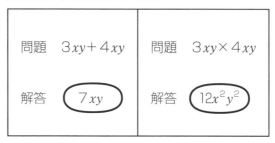

左側の「＋の問題」は同類項をまとめるだけなのに，文字に $7x^2y^2$ のように指数を付けてしまう生徒がいます。反対に，右側の「×の問題」では指

数を付けずに，12xyと混同してしまう生徒がいることから，このような問題を並べて出題しています。

```
問題  3(x − 2y) ± 2(x − y)

解答  + ：3x − 6y + 2x − 2y
      − ：3x − 6y − 2x + 2y
```

　上の文字式の計算では，答を求めさせるのではなく，分配法則を使ってカッコを外すステップのみを答えさせる問題としました。分配法則では，カッコの中の後ろの項に数をかけることを忘れる生徒が多いからです。またここでの±は，＋または－の選択問題の意味です。Bの生徒にそのときどきに指定させ，それにAの生徒が答えるようにします。

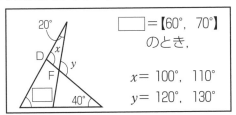

　上は，角度を求める問題です。【　】は，選択肢であるというルールを決めておくことで，様々な選択問題を手軽に作成することができます。この場合，図の□の角度を選択問題とすることで，解答側の生徒は，□の角度に応じて計算をすることになります（xを求める場合，□＝60°なら60＋40，70°なら70＋40）。

　選択問題を取り入れると，解答を暗記する生徒がいなくなり，出題側のBの生徒にも緊張感が出ることから，トレーニングの効果は増大します。

　トレーニングの意図を理解し，慣れてきたら，問題を出すBの側になったときにも，一緒に頭の中で正解を考えるようにすることを奨励します。

　次からのページでは，これまで作成したカードのいくつかを紹介します。

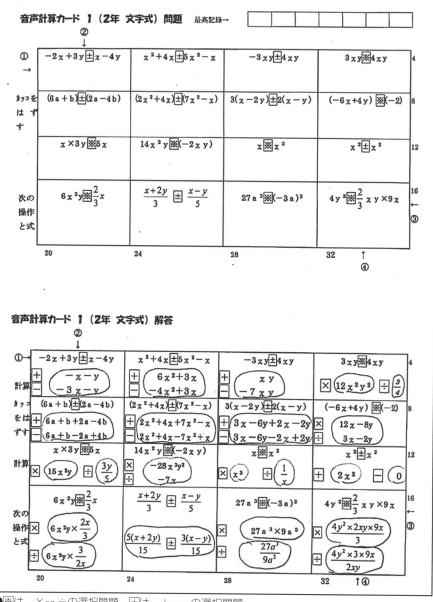

● ※は，×or÷の選択問題，±は，＋or－の選択問題
● 2行目は，符号を意識してカッコを外せるようにするための問題

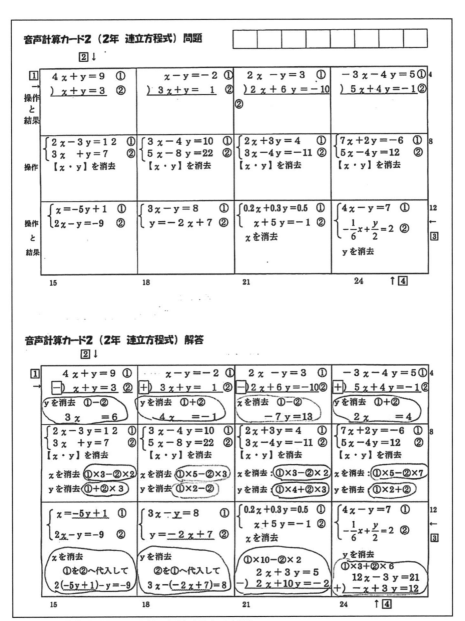

- 加減法で答えさせたいことは，何倍するかの判断
- 代入法では，代入させた状態の式を答えさせたい

第2章 学び合いのいろいろな形態

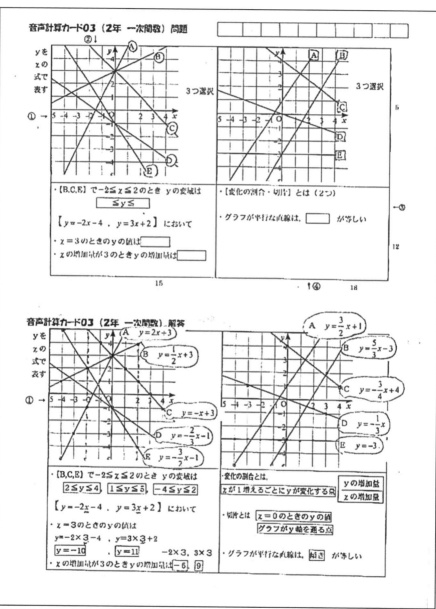

❸ となり同士で問題を出し合う

① 問題を出し合うことのよさ

　となり同士のペアでお互いに問題を出し合うことも，取り入れやすい学び合いの1つです。

　「この角と同位角はどこ？」「錯角は？」のように，図を指さしながら角の位置と名称の問題を出題したり，「4の平方根は？」「4を平方したら？」「2を，根号を使って表すと？」などの問題を，クイズのように出し合ったりすることは，答える側だけでなく，問題を出す側にもほどよい緊張感が生まれ，真剣に頭を使うことになるので，理解度が高まります。

② 問題を出し合う学習でのルール

　問題を考えて相手に出題するという学習は，うまく回転すれば，楽しい時間になります。そのためには，問題の出題範囲を限定して，ほとんどの生徒ができる問題を出題させることが肝心です。

　音声計算トレーニング同様，相手が分からなかったり間違えたりしたら，出題する側が必ずヒントを出すようにして，お互いが黙っている状態にならないように約束しておきます。こうしておくと停滞しているペアを見つけやすくなり，机間指導の中で，どこのペアを直接サポートすればよいのかがわかります。

　また，できるだけ全員を立たせて交代して行い，終わったペアから座るようにします。となり同士だから座ったままでもできるのですが，「終わったら座る」というルールが，生徒の学ぶ意欲のスイッチを入れてくれます。

　机間指導を通して，ユニークな問題を出しているペアを見つけて全体に紹介することも，次からの活動を活性化させるのに有効な手だてです。

3 スタンアップ方式による学び合い

❶ 全員が理解するためのスタンドアップ方式

　前時の内容を確認する場合や，生徒のキーとなる発言を全員が理解できたかどうかを確認する場合，席を立って相手を自由に決めて説明し合い，説明できたら席に戻る「スタンドアップ方式」というスタイルの学び合いを行っています。

　授業のカギとなる重要な説明をある生徒がして，「あぁ，そうか！」といった声が上がり，多くの生徒が納得した空気が生まれると，それでよしとして授業は進んでしまいがちです。しかし，たった一度の説明で本当に全員がわかっているでしょうか。「このぐらいは簡単だから…」と教師が思うような内容であっても，必ずしも全員が理解しているわけではないはずです。

　多くの生徒がわかった雰囲気の中で，「わからない」「どうして？」と質問するのはとても勇気がいることで，わからない生徒は，自分もわかったふりをしてしまいがちです。

　そんなとき，

「今の発言，わかったかな？　それでは全員立って，だれでもいいので，今の発言をもう一度自分なりに説明してみよう」

と声をかけ，学び合いをスタートさせます。生徒たちは席を立ち，自由に相手を決めて，それぞれ説明を始めます。

　このとき，説明を聞く側は，聞いてわかったらそれで終わりにするのではなく，聞いてわかったことを今度は交代して説明するようにします。

　全員が理解するためのスタンドアップ方式では，できるだけ時間を限定せず，全員が説明し終わって座るのを待ちます。

❷ スタンドアップ方式のよさ

「自由に相手を決めてよい」という点が，この学習形態のおもしろいところです。生徒に自由を与えるのと同時に，「自分で相手を探さなければ…」というある種の緊張感を生徒に与えることになります。

とはいえ，たいていは気心が知れた相手同士でグループになるので，わからない生徒も，「どうして？」「もう一度説明して」と言いやすい環境が生まれます。

この学び合いでは，説明を聞いて教わる側だけでなく，説明する側にも大きなメリットがあります。たとえ一度説明されたことであっても，もう一度自分の口で説明するとなると，自分の頭の中で理論を再構築する必要が生じます。

また，目の前の相手に対して説明するので，形式的な説明では終われず，1つの説明で納得しなければ，別な説明を考えることになります。図や表で表したり，例をあげたり，以前の学習を振り返ったりと，相手に合わせた多様な説明を想起する必然性が生まれます。身ぶり手ぶりだけでなく，ときにはノートや黒板を使って説明し始める生徒も出てきます。

説明する生徒としても，多くの生徒を相手に一方的な説明をするよりも，自分の説明を確かに聞いてくれる相手がいることで，説明する楽しさを実感していることでしょう。

これにより，説明を聞いて納得する側で終わるのではなく，相手に説明をする側に回り，主体的に学習を進めた実感をもつことになります。理解する生徒が増えるのはもちろん，教室全体の雰囲気も大きく改善されます。

❸ 意見交換のためのスタンドアップ方式

　問題を個別に追究させていて行き詰まりを感じたときには，意見交換のためのスタンドアップ方式を行います。

　全員が立って自由に相手を決め，自分の考えたことや，わかったこと，疑問に思ったことなどを意見交換するのです。これにより，課題そのものがわかっていない生徒を，授業に巻き込むことができます。

　なんとなくわかっているのだけれど，全体の場で発表するだけの自信がなかった生徒は，自分の考えを説明し，聞き手の「なるほど！」という反応を見て，「これでいいんだな」と少し自信を深めることができます。

　もう少しでわかるところまできている生徒が，出力することによって考えがまとまり，「そうか！」と自分で納得することもあります。

　また，聞き手から「それ，こういうこと？」などと問いかけられたり，「こう考えたらどう？」とやりとりしたりすることで，ゴールに近づくこともあります。

　意見交換のためのスタンドアップ方式は，全員ができることを目指しているわけではないので，「それでは，1分30秒間の意見交換をします」のように，教師が終了時間を設定して行います。

❹ できた生徒のみが立つスタンドアップ方式

　方程式の利用や図形の証明など，多くのステップを踏まないとゴールに至らない課題では，できた・わかった生徒が立って席を移動して，できていない・わからない座っている生徒に教えるスタイルのスタンドアップ方式が有

効です。

　答えを出すために多くのステップを踏むということは，わからない生徒のつまずきも多種多様になります。このような問題では，教師が説明しても全員にしっかりと理解させることは難しく，ノートを写すのが精いっぱいという生徒も少なくありません。

　そこで，できた生徒を立たせることでまず立場を明確にし，積極的にかかわることを奨励しながら，クラス全員が納得する，つまり生徒全員が立つ（座る）のを待ちます。

　以下は，このスタイルのスタンドアップ方式のルールです。

●全員がゴール（納得）できるように，クラス全員がもてる力を出す。

●できた人は必ず立って，できていない人に教える。まずは，1人で座っている人をなくすようにして，最後は最大4人程度で囲んでいい。

●やり方や答えを教えるのではなく，ヒントを与えて相手に理解させ，納得させることを心がける。

●積極的に相手に質問させ，教える側も尋ねる。「なぜ？」にこだわる。

●1人でできそうなら，そばに立っているだけでもよい。間違えていたり，つまずいて止まっていたりしたら，積極的にかかわる。

●まわりで他の人の説明を聞くのも勉強になる。もっといい説明ができそうなら，積極的に手助けし，代わって説明する。

❺ スタンドアップ方式での教師の働きかけ

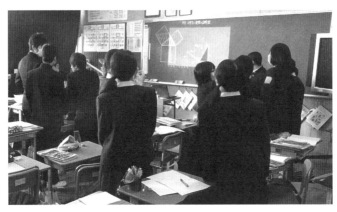

 上の写真は，三平方の定理の証明を理解する授業の一場面です。パズル的な証明に気がついた1人の生徒が全体に説明し，それをスタンドアップ方式で互いに説明し合っています。
 このとき，教師はあえて生徒の中に入らず，全体の様子を把握することを基本とします。
 最初の段階では，相手をつくれない生徒がいないかどうかを確認します。
 中盤からは，生徒が真剣に説明しているかどうかを，視線や表情，うなずき，つぶやきで確認し，生徒のがんばりを，教師もアイコンタクトやうなずきで認めるようにします。
 後半は，終わって席に戻る生徒にどんなやりとりをしたのかを確認したり，最後まで残ってやりとりをしている生徒が学びやすいように教室全体の雰囲気を保ったりすることに心を砕きます。
 生徒同士では解決できないと判断した場合以外は，生徒同士のやりとりにできるだけ直接介入せず，生徒に責任をもたせることも，有効な働きかけの1つだと言えます。

4　4人班での学び合い

❶ 4人班での机配置

　じっくり時間をとって考えを出し合ったり，理解し合ったりする課題には，4人班での学び合いが適しています。

　4人班を取り入れると，右上図のように机を男女の市松模様に並べて，男女間での話し合いが生まれやすい環境をつくることが多いでしょう。これを「平行型」と呼ぶことにします。

　私の授業では，これを少しだけ改良した右下図のような「T字型」にして行っています（この机配置は熊本の堀尾直史先生から教えていただいたものです）。この型のメリットをあげてみます。

　まず，生徒側から前の黒板が見やすく，教師側から生徒の表情が見やすいので，生徒の様子を把握しやすくなります。平行型では，AやCの生徒は前のBやDの生徒にかぶって見難くなりますが，T字型なら，話し合いの途中で教師が全体に指示を出したり補足説明をしたりする際にも，そのままの座席で無理なく行えます。

平行型

T字型

　また，AとBの生徒が話し合っているとき，CやDの生徒も視界に入るので，話し合いに参加しやすくなります。平行型の座席では，CやDの生徒は，AとBの生徒の視界に入り難いので，話し合いに絡み難くなります。

　わずかな座席の組み方の違いですが，お互いが机を囲むようになるので，班としての雰囲気まで，温かく感じられます。

❷ 学び合いを活性化し，とらえる工夫

① ホワイトボードやタブレット PC を班に１つずつ配る

　私の授業では，班での学び合いの場面で，課題によって，小さなホワイトボードまたはＡ３判程度の紙とマジック，iPad などのタブレット PC を班に１つ配っています。

　言葉だけでやり取りするときよりも，考えたことを書いたり操作したりするときの方が話し合いが焦点化し，学び合いが活発になります。

　班の中でのやりとりが明確になると，教師が班での話し合いの様子を瞬時にとらえられるというメリットがあります。これにより，短時間に有効で的確なサポートが可能になります。

② 計算問題などを班で確認して進めさせる

　計算問題など，７割程度以上の生徒が自力解決できるだろうと思われる場面でも，４人班での学び合いが有効です。

　問題を解く場面から４人の班の形にして，答えの確認も班ごとにそれぞれ行わせます。このとき，生徒には最後まで正解を提示せず，班の中で正しいかどうかを確認させ，班全員が納得できたら全員で手をあげて教師に合図し，次の問題に移らせるようにします。

　問題のメニューは最初にすべて書いてしまうのではなく，できた班が出たところで次を書くようにして，負担感を与えないようにします。

　教師は，班の力だけでは解決できない場合のみ介入し，そうでなければ，「納得した？」などとかかわりを刺激して，極力生徒同士のやりとりで理解・解決を図るようにします。

5 学び合いの意欲や質を高める指導

❶ 学び合いを行うよさや価値を教師が語る

　理解を深める学び合いでは,「教えられる側にはメリットがあるけれど,教える側にはメリットがない」と思う生徒がいます。生徒がこのような意識をもっていては,学び合いは有効に働きません。そこで学び合いのメリットを教師が双方の立場から語っておくことが必要になります。

① 説明する側のメリット

　相手に説明するということは,自分だけでわかっているよりも,さらに理解が深まることになります。相手に伝えるためには何が大事なことなのかを的確につかむ必要があるからです。また,1つの説明で相手がわからなかったら,別の説明を考えることになります。うまく説明できるかどうかはわかりませんが,それを考えることで,実は教えられる側よりも意味のある学びをしていることになります。

② 説明を聞く側のメリット

　一斉指導の中では気軽に聞けないようなことも,少人数での学び合いでは,気軽に,自分のペースで,具体的に尋ねることができます。説明することが,相手にとって勉強になるのだということを強調することで,わからなければ積極的に質問することを奨励しておきます。

❷ 学び合いのよさを生徒に記述させ，それを評価する

　教師が学び合いのよさを語るだけではなく，生徒にも学び合いのよさを語らせることが，学び合いの効果を上げることにつながります。

　私の授業では，毎時間終了時に生徒に書かせている振り返りカードに「学び方」を評価する項目を設けていて，学習内容だけでなく，自分や友だちの学び方でよいと思うことを記述することを奨励しています。すると，次のように「学び合い」のよさを書いてくる生徒も出てきます。

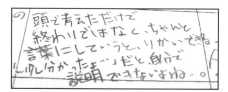

> ● 1人ではなかなかわからず，なんとなく理解できるという感じでしたが，友だちと相談するとすごくわかりやすくて，わかるととてもすっきりしました。
> ● 人に説明するのも人の説明を理解するのも難しく，勉強になりました。
> ● 4番は，4人ともみんな答えが違っていた。でも，教科書を見てみんなで話し合ったらわかった。
> ● わからないところを，聞き合ったり教え合ったりして，4人のチームワークがよくなった気がする。

　学び合いについて，生徒が感じていることを書く機会を設けることは，学び合いのよさを生徒自身が自覚することにつながります。それを学級全体に紹介すると，学び合いの価値についての共通認識が生まれます。こういった小さな価値観の共有の積み重ねも，学び合いを有効に継続していくために必要なことだと言えます。

第3章
学び合いを位置づけた各学年の授業事例

1年……………40
2年……………70
3年……………96

| 1年 | 授業開き |

数学の授業開きは0（ゼロ）を学ぶことから

学び合いの形態	スタンドアップ方式，4人班
学び合いの目的	確認
学び合いの難易度	★★★

❶ 授業の目標と学び合いを行うわけ

　中学校ではじめて数学の授業を受ける生徒たちは，教科名が「算数」から少し大人っぽい「数学」に変わることもあり，期待感をもっています。

　そこで，授業開きの時間に，アラビア数字の「0」ゼロの存在価値について考えます。「ないものを表す記号」として学んでいたゼロを，中学校では，「規準を表すもの」として学び直すことになります。ないものをあえて記号「0」で表す革命的な発想は，数学のみならず，世界を大きく変えた大発明であることを体感することが本時の目標です。

　授業開きに学び合いを取り入れることで，生徒同士でやりとりをし，全員でわかる授業をつくっていく価値に気付かせることも大きなねらいです。

❷ 授業の実際

① なぜ，世界中でアラビア数字が使われているのか？

　まず，オリンピックなどの記録やスコアーが表示されている画像や動画（できれば外国のサイトのもの）を見せながら，

　「0，1，2，3…の数字は，もともとどこの国の

ものだと思う？」
と問いかけます。世界地図を示して，選択肢をいくつか出して予想させるのもよいでしょう。正解は，多くの生徒がおそらく予想しないインド。アラビア数字と呼ばれていることを確認し，本時のメインテーマを板書します。

> なぜ，世界中でアラビア数字が使われているのだろう？

　数字が世界共通であるからこそ，競技の記録やスコアーが一目瞭然でわかります。共通にすれば便利なことは，だれでも理解できるのですが，どの民族も固有の言語や文字・数字をもっているのですから，インド人が考えた数字が世界共通になるのは，かなり不思議なことだという話をします。

② それぞれの民族がもっていた古代の数字を知ろう

　手がかりをつかむため，まずは他の民族が使っていた数字を紹介します。
　そのうえで，次の問題を出します。

	1	5	10	50	100	500	1000
エジプト							
バビロニア							
ローマ	I	V	X	L	C	D	M

> 次の数字はいくつを表しているでしょうか。
>
> (1) （エジプト数字）
> (2) （バビロニア数字）
> (3) MMMDCCXXVIII

　生徒たちは興味津々に取り組み，ときには「そうか，わかった」などと声を上げながら，見知らぬ数字の解読に挑むことでしょう。
　ここで，だれかに答えさせる前に，確認のためのスタンドアップ方式の学び合いを入れます。

「だれとでもいいから,意見交換してみよう。答えだけでなく,なぜそうなるのかを言えるといいね」
と言って全員を立たせ,はじめての学び合いに取り組ませます。

説明できたら席に戻るよう指示を出すと,はじめての授業ということもあり,多くの生徒は素直に席に戻るはずですが,中には最後まで説明をし合う姿も見られるかもしれません。そのどちらのよさも認め,理由をつけてほめておくと,これからの学び合いがよりよいものになっていくはずです。

発表により答えを言わせ,正解を確認したところで,
「1468を古代数字で表してみよう」
と,今度は古代数字の書き取り問題に取り組ませます。ここでは正しく書き取りができるかどうかよりも,「なぜ,全世界でアラビア数字が…」について考えることが目的なので,座席を4人班の形にし,時間を区切って,相談しながら作業をさせます。

古代数字を書いてみると,読み取ること以上に,この数字を使う大変さを実感することでしょう。また,中国や日本では,漢数字を併用していることも確認しておくとよいでしょう。

③ アラビア数字が優れている理由から見えるものは？

最初は興味深く取り組む生徒たちも,その労力の多さに,「やっぱりアラビア数字がいい」という思いになってくることでしょう。そこで,
「アラビア数字とそれ以外の数字の違いはどこにあるのかな？」
と問います。実際の授業では,次のような意見が出されました。

アラビア数字以外の数	アラビア数字
●位を表す記号がある。 ●位の数分だけ,同じ記号を書いているものが多い。 ⇒数が多いと,たくさん記号を書いたり数えたりする必要がある。	●位は,記号の数で表している。 ●1文字で位の数を表している。 ●0～9までの10個の記号ですべての数を表すことができる。

ここから先は，教師が思いを込めて語ります。
　「位がわからないと，数としての意味が通じません。例えば，『七　三』と位なしで書かれたら，それが73なのか703なのか，それとも730なのか判別できません。だからどんなに面倒になっても，位そのものを記号で表す必要があります。ところがアラビア数字だけは，この縛りから離れることができました。なぜでしょうか？　それは，ないものを0という記号で表したからです。『無いものは書かない方が楽，無いのだから書かない』。それは自然なことです。ところがインド人は，ないものをあえて0と表しました。偶然の発見なのか，本当のことはわかりません。でもこれにより，0～9のたった10種類の記号で，すべての数を表せるようになったのです（0は人がつくった数だから，自然数に「0」が入らないのも納得のいく話です）。位の数だけ記号をたくさん書く必要からも解放されました。位が違えば記号を書く数が違うので，数の大小も瞬時に判別でき，位をそろえて上下に書くことで計算も簡単になりました。アラビア数字なしでは，数学の発展はあり得なかったと断言してもよいでしょう。
　そして何よりすばらしいのは，アラビア数字が世界中に広まったという事実です。アラビア数字がどんなに便利でも，伝統的に慣れ親しんできた自分達の数字にしがみついていたら広がりません。アラビア数字が全世界で使われているということは，それらを乗り越えて，よいものを認める心の広さを，どの民族ももっていた証です。数学を学ぶとは，こういった歴史や，人間のすばらしさを学ぶことでもあるのです」

ここがPOINT！
　生徒にとってはじめての数学授業です。学び合いを取り入れることで，生徒の性格や，小学校での人間関係，学習に対する姿勢が，少しずつ見えてくることでしょう。積極的で目立つ生徒だけでなく，孤立しやすい生徒や，教師の支援が特に必要な生徒の把握を心がけたいものです。

| 1年 | 正負の数 |

ペア，4人班で乗法の計算練習をしよう

学び合いの形態	ペア，4人班
学び合いの目的	確認・習熟
学び合いの難易度	★★☆

❶ 授業の目標と学び合いを行うわけ

　正負の数の乗法の意味や，符号がどう決定されるかについて指導した後には，正確に速く計算できるようトレーニングを積ませる必要があります。2数の加減の計算では絶対値が大きい数の符号を付けるのですが，乗法では同符号か異符号かで符号が決定されます。この違いを混乱なく正しく認識できなければ，乗法の計算ができるようになったとは言えません。そこで，全員が確実に乗法の計算に習熟できるように，2種類の学び合いを取り入れます。

❷ 授業の実際

① 簡単な加法・乗法の計算を，問題を出し合って確認しよう

　まずは，前時（同符号なら＋，異符号なら－になること）の確認をします。
　そのうえで，となり同士の2人で問題を出し合って練習することを予告し，教師が手本を見せながら方法を説明します。
　右図のように，指先が上なら正の数，指先が下向きなら負の数とすることを，教師がハンドサインを示しながら説明します。
　そして，「たしたら？」と問いかけ，暗算

　（－5）　　（＋3）

で「−2」と生徒全員に声を出して答えさせます。

　さらに、「かけたら？」と問いかけ、暗算で「−15」と答えさせます。この2つを1組として、教師がハンドサインを変えて問いかけ、テンポよく、全体で答えさせます。

　5問程度を練習したところで、下のようなペアでの学び合いのルールを確認します。

●隣同士の2人が出題者と回答者になり、立って向かい合って行う。
●最初は、右側の生徒を出題者、左側の生徒を回答者とする。
●1つのハンドサインで「たしたら？」「かけたら？」の2つを答え、それを5セット行う。
●正解なら、出題者は「正解」と言って、次の問題を出す。
●間違っていたら、出題者は「残念」と言って再度答えさせる。それでも正解が出なかったら、ヒントを出して正解が出るように導く。
●5問終わったら出題者と回答者を交代し、終わったら座る。

　楽しい雰囲気の中でも、きちんと学習が行われるように、「では前半、がんばって！用意、スタート！」のように、活気づける声かけをして学び合いを始めます。

　後半も同様にして、終わったら一度座らせ、取り組みのよいペアや、ヒントを上手に出している生徒、ゼロ（グー）を出すなど工夫が見られた生徒を、積極的に紹介し称揚します。やり方に戸惑って、消極的なやりとりしかできない生徒もいるので、よりよい取り組みを取り上げて全体の場で紹介することは、学び合いを活性化する効果的な方法です。

　そのうえで、もう1サイクル（前半・後半）ペアでの学び合いを行います。

② 乗法の計算問題を，4人班で確認しよう

　次に，座席を4人班の形にして，教科書にある2数の乗法の問題を解いていきます。暗算できる程度の数で符号の処理が正しくできたとしても，書いてみなければ計算できないような問題が解けるとは限りません。また，計算の書き方についても指導する必要があります。

　この段階での2数の乗除の計算は，扱う数が整数なのか，それ以外かで，以下のような3パターンに分類できます。

　　ア　整数×整数
　　イ　(小数または分数)×整数
　　ウ　(小数または分数)×(小数または分数)

　どこでステップを区切るのかが教師の判断のしどころです。
　アは，九九さえ大丈夫なら問われるのは符号がどうなるかだけで，イ，ウは，小数や分数の計算ができているかどうかも問われます。
　そこで，アの問題でステップを区切り，アが全員できたら手をあげさせることとします。

　アが早くできた生徒も，イ，ウの問題には移らず，同じ班の生徒の様子を見て，自力で解けそうなら黙って見守り，間違っていたり自力ではできなかったりしたら，必要に応じて教えるというスタンスで学び合いを進めます。

　原則として教師は，正解を最後まで全体に提示しません。生徒同士のやりとりだけで，正解にたどり着かせ，確認させるのです。これにより，生徒の本気度が増します。

もちろん，班員全員がわからない，意見が対立してどちらが正しいのかがわからない，というように，生徒だけでは解決できない場合は，教師を呼んで，指導を受けさせることとします。教師はできるだけ生徒同士のやりとりを見守るようにし，困っている生徒に直接教えるのではなく，まわりの生徒にかかわりを促すように努めます。

　班員全員が正解にたどり着いたところで，（班員全員が）手をあげて教師に合図し，そのうえで，次のイ，ウの問題に移らせます。

　教師は，班ごとの進行状況を黒板に○でマークしていきます（正解かどうかが心配な問題では，教師が直接確認してから進ませるのがベターです）。

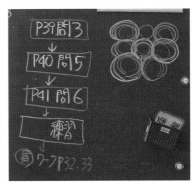

　ウの問題まで終わった班は，各自で問題集に取り組ませることとします。先回りして勝手に進んでしまう生徒が出ないようにするため，この指示は最初にウまで終わる班が出たところで与えるようにします。

> **ここがPOINT！**
> 　この手の学習では，問題が早く解けた生徒に黒板に書かせ，それを教師が解説しながら○をつけていく方法が一般的です。
> 　しかし，自分でまったく問題を解けなかった生徒にとって，この形の授業はどこまで有効でしょうか。できなかった生徒ほど，たくさんのことをノートにとる必要があります。「急いで写さなくては…」と焦ってノートをとりながら同時に教師の解説を聞き取って理解するのは，とても難しいことです。
> 　また，全体の場では，教師は要点のみ解説することになります。それでは，生徒の多様なつまずきに対応することができません。

第3章　学び合いを位置づけた各学年の授業事例

| 1年 | 文字と式 |

マッチ棒の数え方を
みんなで考えよう（第1時）

学び合いの形態	スタンドアップ方式，4人班
学び合いの目的	発見，確認・習熟
学び合いの難易度	★★★

❶ 授業の目標と学び合いを行うわけ

　文字式の導入では，マッチ棒を正方形につなげた形に並べ，その本数の数え方を考える授業が定番です。

　本時の目標は，正方形の数から，どう計算すればマッチ棒の数が求められるのかを発見し，その規則性に気付くことです。

　規則性の発見はとても楽しい学習ですが，発見できる生徒ばかりではありません。そこで，適度にヒントを与えながら学び合いの場を設定し，より多くの生徒に規則性を発見したり説明したりする楽しさを味わわせます。

❷ 授業の実際

① マッチ棒の数を計算で求める方法とは？

　まず右のような写真を見せ，フレームの部品がいくつあるのかを数える際，一つひとつ数えるのは大変なことから，計算で簡単に求める方法が必要になることを想像させます。

　そのうえで次ページのような課題を示し，まずは個人で考えさせます。

> 正方形の数が6個のときのマッチ棒の数を求めたいと考えています。どんな求め方があるでしょうか。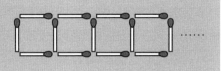

　正方形の数をもっと増やしても求められる方法であることを意識させながら，できるだけ多様な求め方を考えさせます（今後の展開から，机間指導で次ページのような4つの求め方が出るように支援していきます）。

② マッチ棒の数の求め方を，スタンドアップ方式で共有しよう

　計算での求め方を全体で共有する場面では，発表する生徒に，どのように考えたのかについて詳しく発言させず，図だけ，または式だけを発表させます。そして，同じことに気が付いたと思う生徒に挙手をさせます。さらに，どう考えたかがわかった生徒にも手をあげさせることで，より多くの生徒が授業に主体的に参加できるようにします。

　それを手がかりに，スタンドアップ方式で（全員を立たせて相手を自由に決めて），どう考えたのかを互いに説明させる学び合いを行います。

　このような工夫によって，規則性を自分で発見し説明する楽しさを，少しでも多くの生徒に味わわせることができます。

③ 数を増やした場合の求め方を，4人班，全体で確認しよう

　4つの求め方を確認したうえで，正方形の数が7〜10個の場合を問い，ワークシートにマッチ棒の数を求める式と答えを書かせていきます。

　ここでは，席を4人班にして班の中で確認のための学び合いを行います。最終的には全体でも確認しますが，数が多いため，黒板に書かれたものと，自分のワークシートに書かれたものの違いを認識できない生徒もいるからです。②の段階で共有したはずの4つの求め方を，この4人班での学び合いを通してようやく理解できる生徒もいます。

4人班で確認しているので，全体での確認は比較的短時間で行うことができます。4つの求め方のうちの1通りは，教師が全体に確認しながら板書し，それ以外は生徒に板書させるのもよいでしょう。

	I□□□□□	□□□	□□□□−III	上下の辺＋縦の辺
6	$1+3×6=19$	$4+3×5=19$	$4×6−5=19$	$6×2+(6+1)=19$
7	$1+3×7=22$	$4+3×6=22$	$4×7−6=22$	$7×2+(7+1)=22$
8	$1+3×8=25$	$4+3×7=25$	$4×8−7=25$	$8×2+(8+1)=25$
9	$1+3×9=28$	$4+3×8=28$	$4×9−8=28$	$9×2+(9+1)=28$
10	$1+3×10=31$	$4+3×9=31$	$4×10−9=31$	$10×2+(10+1)=31$

　授業の終わりには，この表からどんなことに気がつくかを問いかけ，次の授業に意識をつなげていくことも重要です。

ここがPOINT！

　本時は，これからの数時間の起点となる重要な内容です。多くの生徒にとっては「そうか！」と簡単に理解できる内容なので，時間をかけて全員に説明する機会を与え，主体的に学ぶ経験をさせたいものです。

　後半の正方形の数が7～10個の場合で考える場面も，生徒によってはどこが変化するのかを理解できなかったり，単に表を写すだけになっていたりすることがあります。意味もわからずにただ数字を書いても，それこそ意味がありません。そこで，学び合いを取り入れて，なぜそうなるのかを説明したり，わかるまで説明を聞いたりすることができる場と時間を設けることが重要です。

1年 文字と式

マッチ棒の数え方を
みんなで考えよう（第2時）

学び合いの形態	ペア
学び合いの目的	確認
学び合いの難易度	★☆☆

❶ 授業の目標と学び合いを行うわけ

　本時の目標は2つあります。1つは，表の中で変化する数を文字式で表すことを通して，変数としての文字を理解することです。もう1つは，文字式に様々な数を代入して計算することを通して，具体から抽象，抽象から具体の両方を経験し，文字式の表す世界を体感することです。
　教師の説明で授業の大半が進むことになるので，学び合いを適宜取り入れて，確かな理解を図るように心がけます。

❷ 授業の実際

① 変化する数に注目し，言葉の式，文字の式で表そう

　まず，前時の復習として，4つの考え方をとなり同士の2人で立って説明し合い確認します（2つずつ説明させるとよいでしょう）。
　4つの考え方を確認したところで，変化する数に注目し，正方形の数を基にしてマッチ棒の数を言葉の式で

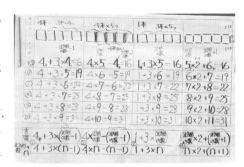

表すことを説明します。

　正方形の数は整数であることから number の頭文字"n"で表すことなどを説明し，4つの言葉の式を文字式で表していきます。

　このとき，4通りのうちの1つを教師が説明して，残りの3つは，となり同士の2人で完成させるようにし，それを全体で確認します。

図	⌑⌑⌑⌑⌑	⌑⌑⌑	⌑⌑⌑⌑-丨丨丨	上下の辺＋縦の辺
	⋮	⋮	⋮	⋮
言葉の式	1＋3×[正方形の数]	4＋3×([正方形の数]－1)	4×[正方形の数]－([正方形の数]－1)	[正方形の数]×2＋([正方形の数]＋1)
n	1＋3×n	4＋3×(n－1)	4×n－(n－1)	n×2＋(n＋1)

　この文字は，いろいろな数をあてはめられることから「変数」と呼ばれていること，$x+2=5$のような使われ方をしている文字は，「未知数」と呼ばれていることにも触れておきます。

② できた文字式に数を代入してみよう

　次に，下の課題を提示し，計算で求めさせます。

正方形が20個，100個のときのマッチ棒の数を求めよう。

　このとき，できれば正方形が567個や10000個など，思いきり大きな数の場合を求めさせると，どんな数でも文字式から答えを求められることだけでなく，文字式が表している一般化された世界を体

```
■ 4＋3・(n－1)|n＝100          301
■ 4＋3・(n－1)|n＝200          601
■ 4＋3・(n－1)|n＝250          751
■ 4＋3・(n－1)|n＝345         1036
■ 4＋3・(n－1)|n＝567         1702
4+3*(n-1)|n=567
```

感させることができます。

　計算力をつけることが目的ではないので，グラフ電卓（写真は「Voyage」）を2人で1台使わせるのもよいでしょう。数式処理ができる電卓では，どういった文字式に，何を代入すると，どんな計算結果になるのかを表示してくれるので，短時間に計算結果を確認することができ

ます。機器を2人に1台とすることで，操作に戸惑う生徒の数はぐっと減り，「こうしたらどうなる？」といった有意義なやりとりを始めるペアが出てくることも期待できます。

　これにより，4つの文字式に同じ数を代入すれば，同じ計算結果になることも確認させておきます。

　時間があれば，この課題とは逆に，「マッチ棒の数がわかっているときに，正方形はいくつできるのか」を考えさせてみるのもよいでしょう。方程式は未習なので，「マッチ棒の数が46本のときの正方形の数は？」のように，あまり大きくない数で考えさせます。

ここがPOINT！

　文字式を熟知している教師と，文字式に慣れていない生徒の感覚の差は大変大きいものがあります。じっくりと時間をかけて授業を進めることが肝心です。

　となり同士の2人による学び合いを取り入れる場合，多くの生徒がわかっている内容では「ペアでの学び合い➡全体で確認」というパターンで行い，説明できる生徒が少ない場合は「全体の場でだれかに発表させる➡ペアでの学び合い」というパターンで理解を広げていくのがよいでしょう。

| 1年 | 文字と式 |

マッチ棒の数え方をみんなで考えよう（第3時）

学び合いの形態	4人班
学び合いの目的	探究
学び合いの難易度	★★★

❶ 授業の目標と学び合いを行うわけ

　いよいよ文字式の計算に入ります。本時の目標は，文字式の計算（簡単にすること）について考え，なぜその答えになるのか，もしくは，ならないのかについて，多様な方法で理解し，説明できることです。

　文字式のよさや価値について熟知している教師にとっては，文字式の計算で×を省略するルールがあることや，同類項をまとめることは当たり前のことです。しかし，それらは生徒にとっては当たり前のことではありません。この段階で，なぜそう計算すべきなのか，そうしないとどうなるのか，についてじっくり考えさせ，生徒たちの力で解決・理解させたいところです。そのために，ここでは4人班での学び合いを行います。

❷ 授業の実際

① 文字式の計算を考えよう

　実際の授業で，前時に書かせた振り返りカードに，
「$4×n-(n-1)$は，これで答えなのか？」
という疑問を書いた生徒がいました。そこでこの疑問を取り上げて，
「Voyage（グラフ電卓）に計算させたら，どうなると思う？」

と聞いたうえで，Voyageに4つの文字式を順に入力して計算結果を生徒に見せ，結果を板書していきました。ここで，文字式で表すときのルール「×を省略すること」も説明しておきます。

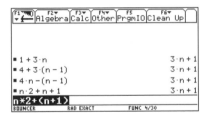

どの式も同じ文字式（答え）$3n+1$になるのは不思議なことだったようで，「えぇー」「なんで…？」というつぶやきが自然と上がりました。

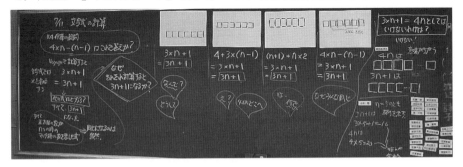

② $1+3n=4n$としてはいけないわけを考えよう

4つの文字式が同じ文字式になるわけについては，次回から考えていくことを予告し，この時間は次の課題について考えさせます。

> $1+3n=4n$としてはいけないわけは？

計算には意味があることを理解・実感しなくては，ここから先も，意味を考えることなく計算するだけになってしまいます。そこで，まずは個人で考えさせ，机間指導の中で，よいアイデアは積極的にサポートしていきます。

③ 4人班で考えをまとめ，共有しよう

個人である程度考えがまとまったところで，席を4人班にして，ホワイトボードに班としての考えをまとめさせます。ここで，

「班員全員が納得するように，班としての意見をまとめよう」
「1つにまとめず，複数の意見を出してもいいよ」
といった指示を出しておくと，お互いの考えを明確にし，洗練する効果があるだけではなく，班の中で小さな発表会が行われることにもなるので，全体で発表・確認する前に，苦手な生徒の理解を助けることにもなります。

④ 全体の場で説明しよう

ホワイトボードの内容を順に説明させ，要点を板書します。

実際の授業では，$1+3n$ と $4n$ の違いを，例をあげて次のように具体的に説明する様子が見られました。

- $1+3\times n=4n$ にしてしまうことは，かけ算よりもたし算を先に計算していることになるから（計算順序のルールに反する）
- $4n$ では，□□□□…のように4が n 個ということ。間のマッチ棒を2本ずつ数えることになるから（文字式で表しているものが違う）
- 数を代入すると，マッチ棒の合計数が違ってしまうから（反例を示す）

生徒の発言を受けて，教師が解説します。上の（　）のように，どんな観点から違いをとらえたのかを価値付けておくとよいでしょう。

ここが POINT！

文字式の計算について，文字式の世界と具体的な数の世界を行き来しながら考え，説明，理解していきます。ここでのアイデアが，この後の文字式の計算を考える場面での手がかりになるので，多様な考え方を紹介し，さらに教師がきちんと解説して，文字式の計算を考えるベースとして確認しておく必要があります。そこで，最後に全体の場で発表する場面では，あえて少人数の学び合いを取り入れません。

次の時間からは、「4＋3×(n－1)＝3n＋1となるわけは？」のように、1つの文字式の計算を1時間ずつ考えていきます。

これらの文字式の計算には、以下のようなテーマがあり、どれもじっくり考える価値があります。

文字式	テーマ
$n×2＋(n＋1)$	カッコをはずしてよいかどうか・同類項をまとめること
$4×n－(n－1)$	カッコの前にマイナスがついている計算
$4＋3×(n－1)$	分配法則でカッコをはずすこと

例えば右の板書のように、( ) をどうして外してよいのかを、これまでに学んだ文字式の計算法則や、図で表すことなどで考えていきます。

これらの授業を進めていく中で、単に計算がどうなるかだけでなく、

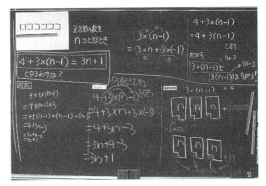

・成り立たないことは反例を示せばよいが、成り立つことを示すには、いくつかの数を代入して成り立つ例をあげるだけでは不十分であること。
・文字式での説明は難しくても一般性がある（＝どんな数でも成り立つよさがある）こと。

の2点にも触れておきたいところです。

| 1年 | 方程式 |

求め方を説明し合おう

学び合いの形態	スタンドアップ方式
学び合いの目的	発見，確認
学び合いの難易度	★★★

❶ 授業の目標と学び合いを行うわけ

　方程式の導入において，てんびんを用いた授業は定番になっています。それは，方程式の解の意味や等式の性質の原理を理解させるうえで，てんびんが大変よいモデルだからです。

　本時の目標は，方程式の意味や等式の性質の原理を理解することです。

　スタンドアップ方式での学び合いにより，方程式の解を自分で発見する楽しさを体感させることができます。これにより，ほぼすべての生徒が等式の性質を使って方程式を解く原理を理解することができ，「自分にもできた」「わかった」という自信をもたせる絶好の機会になります。

❷ 授業の実際

① クリップ１つの重さを求めよう

　てんびんは実物を用いることも考えられますが，電子黒板や大型デジタルテレビが設置されている教室であれば，電子教科書でシミュレーションを提示することが可能です。

　手軽に操作することができ，生徒も理解しやすいので，電子教科書を利用するのに大変有効な場面と言えます。

実際の授業では，右図のように，ひよこ形クリップと1円玉が上皿てんびんに載っているシミュレーションを提示しました。

1円玉1枚の重さは1gであることを確認した後，クリップや1円玉を片方の皿から降ろして，てんびんがゆっくりと傾くところを見せます。さらにもう片方の皿からも同じものを降ろすと，てんびんは再びおもむろに動いて釣り合います。

生徒から「おーっ！」「動くのかー！」といった驚きの声が上がったところで，課題を提示します。

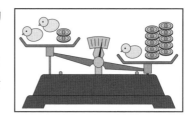

左の皿からクリップを1つ降ろすと…

> クリップ1つの重さを求めよう。

等式の性質を学んでいないのですが，てんびんを釣り合わせるように念頭で操作して，多くの生徒がクリップ1つの重さを求めることができます。

② 求め方を説明し合おう

まずは，
「重さは何グラムになる？」
と尋ねて正解を言わせてしまい，代入により，求めた答えが正解であることを全体で確認します。

そのうえで，
「どうやって求めたの？」
と尋ねて，論点を求め方に移します。正解を先に確認しておくと，生徒同士で互いに説明する際，自信をもって説明できます。

「それでは立って，どうやって重さを求めたのかをだれかに説明しよう」

と声をかけ，スタンドアップ方式での学び合いを開始します。

生徒たちは，立って相手を自由に決め，互いに説明を始めます。単純な問題ですが，どこから手をつけるのかや，同じものをどのように処理するかなど，等式の性質につながる「なるほど」という意見が出てきます。

③ 操作しながら説明しよう

その後，何名かの生徒に全体に向かって説明させます。映し出された大きなてんびんの映像は，付属のペンで動くので，説明する側も，聞く側も高い集中力が持続します。

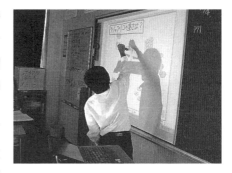

生徒が操作しながら求め方を説明する中で，どうして両方から同じものを取るのかを問いかけ，操作の意味を確認します。説明している生徒にそのまま説明させてもよいのですが，適宜スタンドアップ方式を使い，互いに説明させるのもよいでしょう。

ここまでの活動を踏まえ，

「釣り合わせた状態にして，クリップと同じ重さを知りたいから」

「両方から同じものをとっても，釣り合うから」

など，等式の性質の原理そのものに触れる説明が多くあがることが期待できます。

実際の授業では，両辺で同じ重さになるもの同士を囲んでクリップの重さ

を求めた生徒もいました。結果的には同じ原理なのですが，このような生徒の発想も取り上げることで，学びを深めることができました。

この後，同様の問題をさらに２問程度解き，操作を言葉の式と文字の式で表して，方程式と解の定義を教科書で確認します。

> **ここが POINT！**
>
> 以下は，この授業の後に，生徒が振り返りカードに書いた感想や疑問（問い）です。
>
> > ●絵で考えるとわかりやすいと思いました。文字で説明するより，絵で見せた方が頭の中で想像できるのでいいと思いました。
> > ●少し難しいけど，問題が解けた瞬間と，確かめが合ったときがとてもうれしかったです。確かめることができるのはいいなと思いました。
> > ●方程式はどんなものでも答え（解）があるのか？
> > ●２つの文字式をグラフで表すと，交わったところが解なのか？
> > ●文字式と方程式での文字の違いは？
>
> 振り返りカードには，積極的に「問い」を書くように奨励したいものです。生徒の問いは素朴で多様ですが，時として本質的なものが生み出されます（上の３つの問いには，思わず唸ってしまいました）。
>
> こういった生徒の感想や疑問を，次の授業の中で紹介していくことも，学びを活性化することにつながります。

1年　比例と反比例

4人班で x と y の関係を探究しよう

学び合いの形態	4人班
学び合いの目的	確認，探究
学び合いの難易度	★☆☆

❶ 授業の目標と学び合いを行うわけ

「街灯による影の長さの問題」は岡山大学教育学部附属中が開発した問題で，縮図の測定で，街灯からの距離 x と影の長さ y が比例の関係にあることを確認し，比例式を使って比例する理由を確かめ，さらに街灯に対して横に歩くときの影のラインがどう動くかを考えるなど，ダイナミックな授業が展開できます。

この問題をアレンジし，3時間扱いの授業を行いました。ここで紹介する第1時の目標は，街灯からの距離 x mと影の長さ y mの関係を方眼紙上で作図して求めることで，身近な事象の中にある関数関係に気づくことです。

ここでの学び合いは，生徒全員が正しく作図し，影の長さを正しく読み取る場面と，疑問を集約する場面で行います。班ごとに分担して行う作業や，疑問を集約する話し合いを通して，4人班で課題を探究する力が育ちます。

❷ 授業の実際

① 関係を予想しよう

比例の指導は，日が落ちる時刻が早くなり始めた秋に行われるので，街灯

によってできる影に関する問題は生徒にもリアルに感じられるはずです。

黒板で，街灯から人までの距離を x m，そのときの影の長さを y mとすることを説明し，街灯から離れるほど（x が大きくなるほど），影の長さが長くなる（y も大きくなる）ことを押さえます（実際の授業では電子黒板上で図を動かしながら説明しました）。そのうえで，以下の課題を提示します。

街灯から2m離れたある人の影の長さは1mでした。
この人が街灯から8m離れたら，影の長さは何mになるでしょうか。

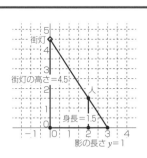

答えを「4mになる」「4mより長くなる」「4mより短くなる」「決まらない」の4つの中から選択させます。

さらに，x と y の関係を表すグラフを，右の3つの中から選択させます。

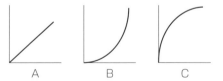

自分の予想を書かせたうえで，全体で確認します。実際の授業では，電子黒板上で変化の概要を見せたうえで予想させたのですが，意見が分かれました。

② 方眼紙上に作図して，4人班で x と y の関係を探究しよう

次に，電灯の高さが4.5m，人の高さが1.5mの場合はどうなるのかを，ワークシート上の方眼紙に作図して求めさせます。x が1mのとき，2mのときを教師が黒板に図をかきながら説

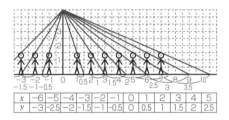

第3章 学び合いを位置づけた各学年の授業事例　63

明し，街灯の光の線をどう引くのか，影の長さはどこの部分になるのかを確認します（影の長さを読み間違える生徒が多いので注意が必要です）。

教師の説明だけでは理解できない生徒もいるので，席を4人班にして，班の中で確認させ，探究する楽しさを味わわせます。

③ 気づいたこと，疑問を班でまとめよう

できた班から，気がついたことや疑問に思ったことをまとめさせます。

街灯の高さが4.5m，人の高さが1.5mの場合，最初の条件と同じ街灯から2mのときの影の長さは1mになり，yはxに比例するので，$y=0.5x$で表せます。このことから，街灯から8mのとき，影の長さが4mになることは，どの班も気がつくことでしょう。この事実から，さらにどんなことを問うことができるかは，これまでの経験などによって違うことでしょう。

実際の授業では，以下のような疑問が出されました。

- なぜ，街灯からの距離xと影の長さyは比例するのか？
- なぜ，$y=0.5x$の関係になるのか？
- 街灯や人の高さを変えても比例するのか？
- 街灯や人の高さを変えたら比例定数はどうなるのか？

④ 班ごとに分担して，別の条件の場合を調べよう

出された疑問の中から，街灯と人の高さを変えた場合はどうなるのかを調べることにしました。多くの場合を調べるため，4人班ごとに分担して調べます。班ごとに責任が生じることで，学び合いが活性化されます。

右の表のように，街灯や人の高さを変えたもの（比が簡単な整数値になるものがよい）を指

街灯の高さ	人の高さ	xとyの関係
4.5	1.5	$y=0.5x$
4.5	3	
4	3	
4	2	
4	1	
3	2	
3	1.5	
3	1	

定し，先と同様に，方眼紙を使って調べていきます。
　調べた結果は黒板に書いて全体で共有し，条件となる街灯や人の高さによって比例定数がどう変化していくのかや，なぜ比例になるのかなど，さらなる探究を生む手がかりをつかんでいきます。

⑤ 気がついたことや新たな疑問を書こう

　本時の最後は，これらの複数の条件で調べた結果を総合的に見て，気がついたことや疑問に思ったことを各自に書かせます。各自で書くとしても，ここまで4人班で探究を行ってきたので，その過程で自然に，「こうなっているんじゃない？」「だったら，こういう条件で調べてみたらどうなる？」といったやりとりが行われていることもあり，その過程が反映された内容になることでしょう。次時からは，ここで生徒が書いたことを基に，さらに探究を深めていきます。

ここがPOINT！

　班ごとに分担して作業することが，やがて班での探究に変容していくことを期待する学び合いです。学び合いが共同的に行われるため，気がついたことや疑問を集約する場面では，ホワイトボードを用意して書かせ，班で分担して調べた結果は，ワークシートをＡ３判に拡大した用紙に書かせるなど，班員全員の視線が集まるものを用意するとよいでしょう。
　生徒が4人班で活動している間，教師は，班でどんな活動が行われているのかを机間巡視で確認することで終わってしまいがちですが，意識して全体の様子を把握する時間をとることも大切です。距離を置きながら，教師が全体に視線を走らせることで，どの班にもある程度の緊張感が生まれます。また，活動がうまくいっている班とそうでない班を把握することもできます。

> 1年　平面図形

作図方法を読み取り，説明し合おう

学び合いの形態	スタンドアップ方式（2種類）
学び合いの目的	確認
学び合いの難易度	★★★

❶ 授業の目標と学び合いを行うわけ

　垂線，角の二等分線，線分の垂直二等分線の3つの作図の基本をひと通り指導した後，それらを利用して指定された角度を作図する授業です。

　本時の目標は，75°の作図を考えたり読み取ったりすることを通して，基本的な作図に習熟し，コンパスによる作図の限界を感じ，図形の学習への興味・関心を深めることです。

　これまでに学んだ作図方法を組み合わせて自力で75°を作図することができれば達成感は十分ですが，自力で作図できる生徒ばかりではありません。一方で，作図方法を教えてもらうだけでも生徒の達成感はいまひとつになってしまいます。そこで，スタンドアップ方式による学び合いを取り入れます。作図方法（手順や理由）を読み取り，それを説明し合うことで，様々な作図方法を全員が理解できるようになることをねらいます。

❷ 授業の実際

① 90°と60°が作図できたら立とう

　まず，今日はこれまでに学習した作図方法を利用して，教師が指定した角度を作図することを伝え，最初に90°と60°を作図させます。

90°は垂線や垂直二等分線を学習してきたので，多くの生徒が作図できますが，60°の作図は，正三角形をかけばよいことに気がつかない生徒もいます。本時のメインの課題である75°の作図を考えるうえで欠かせない考え方なので，できた生徒が立ち，わからない生徒をサポートするスタンドアップ方式の学び合いを行います。

　できた生徒は立って，わからない生徒に一対一で教えるのが基本ですが，「1人で作図できそうならそれを見守り，『教えて』と言われたら教える」というルールを敷いておくと，学び合いがより有効に機能します。

　この「できたら立つスタンドアップ方式」に生徒が慣れていない場合は，教師が生徒のノートを見て，できていたら○をつけ，○をつけられたら立つという，○つけ法を取り入れるのもよいでしょう。

② 75°の作図方法を考えよう

　この後，本時のメインの課題に各自で取り組ませます。

> 75°をいろいろな方法で作図しよう。

　「いろいろな方法で」とすることで，多様な考え方を引き出すだけでなく，できていない生徒にじっくり考える時間を与えることにもなります。

　とはいえ，ただ時間を与えるだけではあきらめてしまう生徒も出てくるので，ある程度時間が経過したら，作図できた生徒に「45°＋30°」のような数式のみのヒントを出してもらいます。それでもできない生徒が多い場合は，席を立って個人的にヒントをもらう時間を設けるのもよいでしょう。

　この間に，教師は机間を回りながら，作図できた生徒のノートをデジカメで撮影しておきます。また，「なるほど！」「これはすごい！」といった何気ない教師の声かけも，生徒の意欲を喚起するうえでは大事な要素です。

③ 75°の作図の仕方を読み取り，説明し合おう

　何通りかの方法を教師がピックアップできたところで，各自で考えるのをいったん止めます。
　この後は，生徒に黒板上に作図させる方法が一般的ですが，大きなコンパスを使った黒板上での慣れない作図にはかなり時間がかかります。また，時間を気にして複数の生徒に同時に作図させると，今度は作図方法を読み取ることが難しくなってしまいます。
　そこでおすすめなのが，先にデジカメで撮影しておいた生徒のノート（作図）をプロジェクタで大きく投影するという方法です。
　まず，プロジェクタで75°の作図を1つだけ映し出し，
　「なぜ75°になるのかわかる？」
と問いかけ，作図方法を読み取らせます。自分が考えた方法でないものほど興味がわき，「そうか」「よく気がついたな」といった称賛の声も上がります。
　しばらく時間を置いたところで，
　「それでは，全員立って，なぜ75°になるのか説明しよう」
と，スタンドアップ方式による学び合いスタートの指示を出します。
　生徒たちは，どのように作図したのか，なぜ75°になるのかをそれぞれ説明し始めます。わからなければ何度でも気軽に聞くことができ，

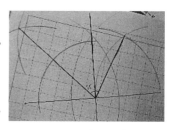

90÷2＋(90−60)

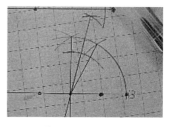

(90−60)÷2＋60

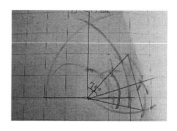

90÷2＋60÷2

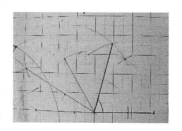

(180−60÷2)÷2

生徒1人当たりの活動量が豊富になるので，活気のある授業になります。

　説明を終えて座った生徒から，ノートに同じ方法で作図させます。

　全員が納得したところで次の作図を投影し，同様の学び合いを行います。

　最後に，どの方法がよかったか，理由を含めて発表させ，授業を終えます。

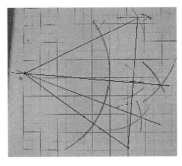

60＋60÷2÷2　三角形の外角

ここがPOINT！

　多様な発想が生まれる課題なので，実際の授業では，右のような誤った作図方法を考える生徒もいました。「本物の学びがここから始まる」と言いたいところですが，基本的な作図の習熟をねらっていたので，取り上げて全体で追究する時間的余裕はありません。机間指導の中で間違っているものを見つけたら，理由を含めて教師が直接説明，指導することとしました。

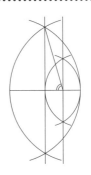

　作図方法を紹介する順番も肝心です。基本的には簡単なものから複雑なものへと順に紹介します。また，関連した発想ができるものを並べると，生徒がより説明に積極的になることが期待できます。

第3章　学び合いを位置づけた各学年の授業事例　69

2年 式の計算

文字式の意味を読み解こう（2時間扱い）

学び合いの形態	4人班，スタンドアップ方式
学び合いの目的	確認
学び合いの難易度	★★★

❶ 授業の目標と学び合いを行うわけ

「式の計算」の導入の授業で，本時の目標は，多項式と単項式の積の計算を理解することと，計算で求めた文字式の意味を読み解くことです。

4人班でじっくり計算の意味や方法を理解させます。後半は，価値ある生徒の発言を把握するために，スタンドアップ方式の学び合いを活用します。

❷ 授業の実際

① 面積を求めるアイデアを出そう

この授業で扱う課題は以下のようなものです。

あるビルは，真上から見ると右のような形をしています。
このビルのまわりの長さと面積を文字の式で表してみましょう。

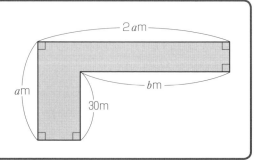

これをいろいろな方法で求めさせるため，まずは，

「何通りの求め方が考えられる？」

と尋ねて，生徒たちからアイデアを出させます。

　実際の授業で，あるクラスでは，右のような4つの求め方が出されました（この段階では図のみを示します）。

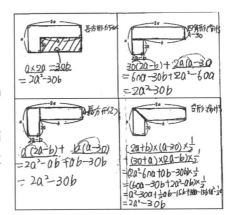

② 4つの方法で面積を求めよう

　出された4つの方法で計算し，それぞれ面積を求めさせます。まずは個人で計算させ，数分が過ぎたところで，席を4人班にして引き続き求めさせます。生徒同士がかかわりやすい席にすることで，自然発生的に学び合いが生まれ，計算についての理解も深まっていきます。

　この課題は，多様性と適度な困難性があり，生徒たちは単なる計算練習よりも意欲的に取り組みました。2つの台形に分割して求める方法は，3年で学習する「多項式×多項式」の問題になります。挑戦させてみると，解ける生徒も少なくありません。

③ 文字式の意味を読み取ろう

　計算が概ねできてきたところで，

「どんなことに気がついた？」

と生徒に問いかけます。計算結果がどれも $2a^2-30b$ になることには，ほとんどの生徒が気がつき，それで満足していることでしょう。機械的に計算できていても，2年のこの段階では，次数と係数の意味を，実体のある量とし

て理解している生徒はそう多くありません。
　そこで，
　「『$2a^2$』は，図のどこに表れている？」
と問いかけ，文字式$2a^2-30b$』の意味を読み取らせていきます。

　右のように，$2a$の真ん中に線を引いて，1辺の長さがaの正方形（a^2）が2枚分あるから，$2a^2$になること，そこから縦が30，横がbの長方形（$30b$）をひいたものになっていることを解説します。

　計算結果の文字式の意味を読み取る場面を設けることは，実態のある量としての文字式の意味や，文字式のよさを感じさせることにもつながっていきます。

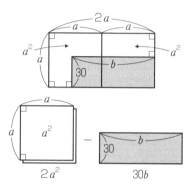

④ まわりの長さを文字式で表そう

　次の時間は，この図形のまわりの長さを文字式で表させます。面積とは違って，求め方がたくさんあるわけではありませんが，課題の図に書かれていない2辺の長さ（下の辺と右の辺）を文字式でどう表せるのかを確認し，そのうえで，慌てずに時間をかけて計算させます。

　まわりの長さを左側の辺から順に式にしていくと，次のようになります。

$$a+(2a-b)+30+b+(a-30)+2a$$
$$=a+2a+a+2a-b+b+30-30$$
$$=6a$$

⑤ もう一度自分なりに説明してみよう

ここでも再び,
「どんなことに気がついた？」
と尋ね, 計算結果（$6a$）の意味を読み取らせます。あるクラスでは,
「この形がちょうど入る長方形と同じ長さだ」
という生徒の発言がありました。

このように, 全員に理解させたい発言があったときには,
「今の説明わかったかな？　だれでもいいので, もう一度自分なりに説明してみよう」
と指示を出し, 全員を立たせて, 自由に相手を決めて互いに説明し合うスタンドアップ方式の時間をとります。クラスの生徒全体に向けて1人が説明するよりも, 互いに説明し合うことで, わからないことを何度でも気軽に聞ける状況をつくる

方が, 理解できる生徒が増えるからです。このケースでは, bや30の辺を平行移動して, 図形的に長方形になることを説明する生徒も出ることでしょう。そこでさらに,
「$6a$になることから, 他にどんなことがわかる？」
と問いかけます。計算するとbや30が消えてしまうことに気がついていても, ほとんどの生徒は, そこにどんな意味があるのかを理解していません。生徒から意味の説明が出てこない場合は,
「bが10mのときのまわりの長さは？」
「bが9mだったら？」
「8mだったら？」
と問いかけて,「bや30の長さにかかわらず, まわりの長さは一定になる」

ことに気づかせます。そして，まわりの長さに関係ない長さだから，bや30の項がなくなるのだということまで文字式$6a$が物語っていることを理解させます。

⑥ まわりの長さが変わらない図形を探そう

実際の授業では，ここで，
「これ，他の図形でもできますね。こういう場合もまわりの長さは変わらないです」
という1人の生徒の発言から，授業は一気に新たな展開に進んでいきました。

板書右上のように，T字型や十字型でもまわりの長さが変わらないことに1人の生徒が気づくと，4隅を90°の角で凹ませるのなら，階段状にしてもまわりの長さが変わらない，辺の途中を凹ませるとまわりの長さが変わってしまう，などの意見が出されました。

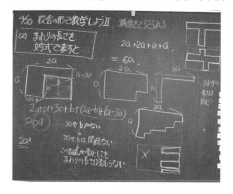

授業終了時に書かせている振り返りカードには，この問題の条件を四角形から三角形に変えて，
「クリスマスツリーと三角形ではまわりの長さが同じですか？」
という疑問を書いた生徒がいました。

まわりの長さは同じ？

次の時間にこのことを紹介すると，生徒たちは他にもまわりの長さが変わらない図形はないかと，追究し始めました。

この追究の中で，まわりの長さを変えないために要となるのは90°ではなく，平行移動，つまり平行四辺形の対

辺は等しいという性質を使って考えるとよいことも明らかになりました。

また「円ではどうなるか」「立体でも表面積が変わらない図形はつくれるか」「形を変えて，面積もまわりの長さも変わらない図形は存在するか」など，問いと探究が次々に連鎖し，興味深い追究が行われました。

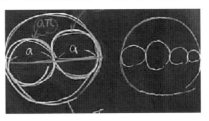

:::
ここがPOINT！

　2年の最初の授業なので，「今年はがんばりたい」という気持ちで授業に臨んでいる生徒が多いはずです。そんな生徒の思いを生かして，学び合いの時間をとり，授業のよい雰囲気づくりを図ります。教師も，積極的にかかわろうとしている生徒の姿をほめ，励ますことで，教室の雰囲気を盛り上げたいところです。

　また，授業の中で，生徒の素朴な気づきや疑問を積極的に取り上げ，自由に発想，発言できる土壌をつくっていきたいものです。

　次につながる生徒の問いが出なかったときには，教師が問いを投げかけます。もしくは，他のクラスで出た問いを，

「隣のクラスの○○さんは，ここでこんな疑問をもったんだけど…」といったように生徒の名前を添えて紹介するとよいでしょう。他のクラスの生徒のものであっても，生徒の出した問いは，教科書に書いてある問いよりも，解いてみたいと思わせる効果があります。紹介された生徒がうれしいのはもちろんのこと，次は自分が認められる問いを考え出してみようと思うようになります。
:::

2年 連立方程式

班員全員が解けるように
サポートし合おう

学び合いの形態	4人班
学び合いの目的	確認・習熟
学び合いの難易度	★★☆

❶ 授業の目標と学び合いを行うわけ

　本時の目標は，( )がついていたり，分数が混ざったりしている，少し難しい連立方程式を解けるようになることです。

　簡単な連立方程式でも間違えてしまう生徒がいる一方で，塾などですでに学習していて，この手の方程式をすらすら解ける生徒もいることでしょう。この段階での生徒の差は大きく，生徒のつまずきは多様です。黒板で教師がていねいに説明し，全体の前でできた生徒に発表させても，わからない生徒はただ一方的に聞き，黒板を写すだけの授業になってしまい，結局理解できないまま終わってしまいがちです。

　そこで，この個人差を利用して，本当にわからないところを聞き合える，4人班で学び合いを中心にした授業を行います。

❷ 授業の実際

① 全員の力で目標を達成しよう

　まず，本時の課題となる連立方程式を示し，以下のように宣言します。
「今日の目標は，全員がこのタイプの問題を解けるようになることです」
　さらに，前半は解き方を教師が説明するので，それをしっかり聞いて理解

し，後半は4人班で同じような問題を解くという，本時の概要を伝えておきます。そのうえで，

「難しいので，みんなができるためには，クラス全員が本気で取り組む必要があります。学級の力を，ぜひ貸してほしい」

と生徒に依頼します。

クラスの雰囲気にもよりますが，ここで生徒たちが，「よしやってやろう！」と思えるかどうかが，本時の目標を達成できるかどうかを決めます。

② 説明を聞こう

教師がこの問題の解法を，黒板を使って説明します。ここでの問題は，教科書の例題など，解き方が書いてあるものでよいでしょう。どの程度説明をするのかは難しいところですが，後半の班での学び合いの時間を確保するため，時間をかけ過ぎないことが肝心です。ていねいに説明し，それをノートに書かせたからわかるようになるとは限りません。場合によっては電子黒板などで解説し，生徒にもノートではなく，教科書に必要な書き込みをさせたり，アンダーラインを引かせる程度にするのもよいでしょう。

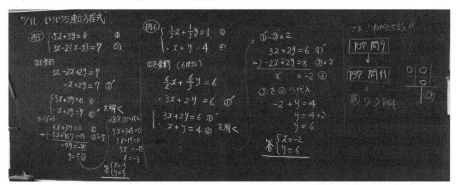

③ 4人班で問題を解こう

解説が終わったら，4人班で教科書（黒板に該当ページを書いておく）の問題を解かせ，班員全員ができたら，手をあげさせることにします。

全員が達成できることをねらっているので，問題数を限定することも大事です。例えば，教科書の問いが４問で構成されているとしたら，そのうちの２問に限定するのもよいでしょう。

　すべてのステップ（問題）を最初に示してしまうと，まわりとかかわることなく，自分だけ先行して終わらせようとする生徒が出てしまいます。そこで，「班員全員ができたら手を挙げる」ということにして，全員ができた最初の班が出てくるまで，次のステップの問題は示さないようにします。

　４人班での学び合いのサポートは，最初はその加減が難しいかもしれません。困ったときにすぐに教師が教えてしまうのでは，学び合いに対する責任感が生まれません。そこで，冷たいようでもできるだけ生徒同士のやりとりに任せることが肝心です。教師は，生徒のつまずきを直接サポートするのではなく，生徒同士のかかわり合いを活性化するように心がけます。

　例えば，班内でのかかわり合いがうまくいっていない場合は，生徒のノートを見て，わかっている生徒に，

　「彼はここがわかっていないようだから，教えてあげて」
と具体的に働きかけます。生徒同士ではなんとなく声をかけにくくても，教師に促されるとスムーズに学び合いが行われるようになるケースもあります。かかわり合いの中で，「なんで？」という声が出たら積極的に取り上げ，

　「『なんで？』とわからないところを聞けると，教える側も教えやすくなっていいね」
と称賛します。

　教えてもらった際に「わかった，ありがとう」という感謝の声が出たら，

　「そういう一言が言えるってすばらしいね。その一言で，教えた方もうれしい気持ちになるよね」
のように，生徒の一言を価値付ける言葉をかけていきます。

④ 次のステップに挑戦しよう

　最初のステップの問題を全員が解けた班は，全員で手をあげて教師に伝えます。その手のあげ具合や表情を見ることで，教師は本当に理解しているかどうか，きちんと班でかかわったかどうかを把握し，黒板に○をつけて次のステップを示します。本当に全員ができたのか心配になるような場合は，その班のところに行き，「大丈夫かな？」と声をかけて，班員全員のノートを確認します。もし，できていない生徒がいるようなら，再度班で確認させます。班だけでは解決できないと判断した場合は，教師が直接指導します。

⑤ 宿題に取りかかろう

　問題を解く授業では，どうしても時間差が生まれます。そこで，全員にどこまで達成させるのかを見極めて必要最低限のステップを設定し，それをクリアした班の生徒には，宿題に取りかからせます。

　宿題は，本時の内容の問題が載っている問題集やプリントなど，解答や解説があるものにして，各自で解かせます。座席は４人班の形のままで行い，わからないときは必要に応じてかかわれるようにしておきます。

ここが POINT！

　生徒に「みんなの力を貸してほしい」と依頼してスタートする授業です。クラス全員がゴールまでたどり着けたときはもちろん，ゴールまで全員が到達できなくても，そこに向けて努力したクラスのがんばりやよさを授業終了時に大いに称賛し，全員で拍手するとよいでしょう。

　私は，６～７割程度の生徒が自力でできることを前提に，４人班での学び合いを行っています。もし，できる生徒が半分以下と予想される場合は，できた生徒が立って，苦手な生徒に１対１でかかわるスタンドアップ方式で行う方がよいでしょう。

| 2年 | 連立方程式 |

みんなで文章題に挑戦しよう

学び合いの形態	ペア，スタンドアップ方式
学び合いの目的	確認・習熟
学び合いの難易度	★★☆

❶ 授業の目標と学び合いを行うわけ

　本時の目標は，連立方程式の利用の問題を解けるようになることです。
　連立方程式の計算を解く段階以上に，大きな個人差が生じています。生徒のやる気を維持するために学び合いを取り入れるのですが，4人班の学び合いでは全員がわからない班も出てくるかもしれません。そこで，できた生徒が立つスタンドアップ方式の学び合いを行い，全員を巻き込んでいきます。

❷ 授業の実際

① 音声計算トレーニングでウォーミングアップしよう

　少しでも時間をかけて文章題に取り組みたいところですが，それだけではどうしても苦しい生徒がいます。短時間でも「できた」という実感をもてるように，音声計算カードを使って，ペアでトレーニングを行います。解法の判断が早くできることは，文章題を解く場面でも有効に働きます。
　2人1組になって1分間の制限時間中に，どれだけ正しい答えを出せるのかを言葉で確認し合うので，どの生徒も自己記録の更新を目指して全力を出

す姿が見られます。授業前のウォーミングアップ（サイキングアップ）としても，大変効果的なトレーニングです（p.22を参照）。

　連立方程式の計算では，文字の消去が要です。加減法では，一方の文字の係数（絶対値）をそろえることができればよいので，それをトレーニングするカードを作成しました。

　解答者は問題カードを見て，解答カードの▭の部分のみを念頭で計算して答えます。出題者は正解なら「ハイ！」または「OK」，間違っていればその場で「違う！」と言って，相手がわからなければ，積極的にヒントを出すこととします。

　【　】は選択問題で，出題者が「x」と言ったら，解答者はxを消去する場合を答えます。これにより単に答えを覚えるのを防ぐ効果もあります。

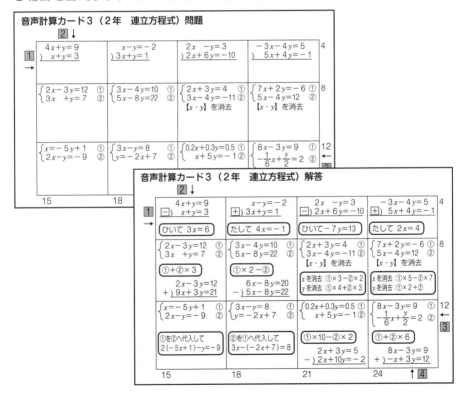

② 問題文を声に出して読もう

　連立方程式の利用の場面では，個人差が大きく広がります。

　文章がたくさんあることで，問題文を読む前からあきらめてしまう生徒もいます。問題の意味を文章から読み取れない生徒もいれば，何を文字で表せばいいのかわからない生徒，関係を式で表せない生徒もいます。連立方程式を解く場面でエラーをしてしまう生徒，方程式の解と問題で求めるべきもので混乱している生徒もいます。

　このような状況で教師がすべてを解説しても，全員に理解させることは不可能です。そこで，解説には時間をかけず，要点のみを説明します。

　また，問題文の条件を読み取れない生徒が特に多いので，問題文を声に出して区切って読ませるなど，条件を正しく読み取る方法をレクチャーすることに時間をかけます。

　方程式を解くところは，料理番組のように「こうなります」と求めておいた解を提示し，解けた後の解の吟味について重点的に説明します。

③ 友だちをサポートしよう

　教師が説明した問題の類題を，今度は自力で解かせます。

　ここで，問題が解けた生徒が立って自由に移動するスタンドアップ方式の学び合いを行い，自力で解けない生徒の手助けをさせます。

　最初はマンツーマンで，できた生徒が増えてきたら最大３人程度までとし，できていない生徒をサポートさせます。その際，すべてを教えてしまうのではなく，どうしたらお互いにとってよりよい学びになるのかを考えさせるようにすることが重要です。

　自分と同じ解き方をしているとは限らないので，他の生徒が教えているのを聞くのも大事な学びの時間です。

④ 学び合いのよさを確認し合おう

　このような授業の次の時間には，前時の終わりに書かせた振り返りカードの中で，学び合いのよさに触れた記述を意識的に取り上げて発表させます。特に，教える側の生徒の学びの大きさに気づかせることが，教わる側の心理的な負担を軽減させ，学び合いを活性化することにつながります。
　以下は，実際の授業で振り返りカードに生徒が書いた感想です。

●今日は，教えるときに相手に答えさせるようにした。一方的じゃなく「これは？」とか聞きながらできた。すると，どこがわからないのかがわかって，そこを教えてあげた。自分も理解してないところがわかった。
●教えていると，式はできているのに途中の計算で間違う人が多いことに気づく。x が違ったら代入しても意味がないから，慎重にしたい。検算も！

ここが POINT！

　全体への教師の説明では，すべての生徒を理解させるのは不可能であるということを意識して，短時間で要点を押さえることを心がけます。とはいえ，最初から「どうせ無理だから」という気持ちで説明していては，意味がありません。短時間であっても，全力で生徒に伝わる解説を誠心誠意行いたいものです。
　また，生徒同士の学び合いをよりよいものにしていくためには，教師が学級内の生徒の人間関係をしっかりと把握し，言葉かけなどを通してその関係を広げることに心を砕くことが大切です。そうすることで，より多くの生徒を巻き込み，渦が広がるように学び合いの輪が広がっていきます。

2年 一次関数

距離と時間のグラフを
みんなで考えよう

学び合いの形態	スタンドアップ方式，4人班
学び合いの目的	確認
学び合いの難易度	★☆☆

❶ 授業の目標と学び合いを行うわけ

　一次関数の利用で必ず扱う「時間と距離のグラフ」は，事象の変化をわかりやすく視覚的・数学的に表現している優れものですが，その意味を理解できない生徒は少なくありません。「時間と距離のグラフ」を感覚的・数学的に理解し，活用できるようになることが本時の目標です。

　ここでは，グラフ電卓（Texas Instruments 製の Voyage200）と距離センサー（同社製の CBR）を活用した学び合いを取り入れた授業を紹介します。

❷ 授業の実際

① グラフから動きを読み取ろう

　まず，グラフ電卓の画面を書画カメラとプロジェクターで映し，グラフの横軸 (x) は時間で，点1つが1秒を表し，縦軸 (y) はセンサーからの距離で，点1つが1mを表すことや，測定可能な x と y の変域に

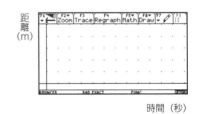

ついて説明します。そして，例として，教師が距離センサーの前で前後に動き，グラフがリアルタイムで描かれていく様子を見せます。

驚くことに，たったこれだけのことで，このグラフの意味を大半の生徒が感覚的に，一気に把握してしまいます。もちろん中には，動きとグラフの関係を読み取れていない生徒もいるので，いくつかのことを問いかけ，事象とグラフの関係の理解を確かなものにしていきます。

　例えば，描かれたグラフが右のような場合，

「何回後に下がった？　それはグラフのどこから読み取れる？」

と尋ねて，グラフが表していることと事象をつなげさせます。

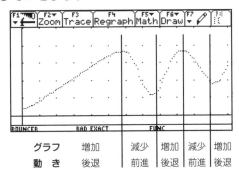

　事象とグラフの両方が，目の前でリアルタイムに示されるので，グラフのどこが動きのどこに相当するかを言うのは難しくありませんが，動きを見ていなくても，グラフから動きを読み取れるようにする必要があります。

　そこで，

「どこからそれが読み取れる？」

と問うことで，グラフの何を読み取っているのかを言語化させていきます。これは全員に理解させたいことなので，全員を立たせるスタンドアップ方式の学び合いを入れ，少人数で説明，確認させます。多少あやふやなところはあっても，少人数で行う学び合いでの説明の方が，理解は深まるからです。

　全員が席に戻ったところで，全体の場で発表させ確認します。

　グラフの傾きは，センサーからの距離が増加しているのか，減少しているのかを表現しています。後ろに下がることはセンサーからの距離が増加することになるので，傾きがプラスの部分の回数を答えればよいことになります。ここでは，これまで学習した「傾き」という言葉を必ず使って，確認しておきます。

② グラフの切片の意味をとらえよう

次に、生徒を距離センサーから4mほど離れたところに立たせて、
「この場所から（生徒が）前に進んだら、グラフはどこから始まる？」
と問いかけ、実験を行う前に、グラフはどこから始まるか予想させます。多くの生徒は、スタート地点が切片に当たることに気がつくでしょう。この程度の基本的な問いは、全員立たせ、となり同士のペアで確認させます。

全員の予想が固まったところで実際に生徒を歩かせる実験を行い、予想通りのグラフになったかどうかを確認します。

ここで、「切片」は「初期値」であることを確認しておきます。

③ 速さの違いと意味をグラフでとらえよう

グラフの意味をさらに確かに把握させるために、次のような実験結果のグラフを示し、
「AとBではどちらが速い？　その理由を2種類以上言えるかな？」
と発問します。

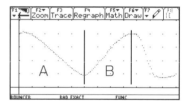

感覚的には速さの違いをつかんでいても、グラフの何を根拠に「速さの差」を説明すればよいのかは、多くの生徒にとって難しいことです。

「時間」と「距離」の両方に触れる必要があるのですが、「Bの方が時間が短いから」のように、片方のみの説明で終わってしまうことが多いので、時間と距離の両方の関係であることを意識するように指導します。

また、生徒の発言を整理していくと、「速い」を説明するとき、右のような2種類の定義が使われている

　ア　同じ時間当たりで進む距離が長い
　イ　同じ距離当たりで掛かる時間が少ない

ことを確認します。速いことを数学では時速などのようにアでとらえていること,陸上競技ではイでとらえていることも確認しておくとよいでしょう。

これにより,グラフの傾き(xが1増加するごとにyが増加する量)は,速さ(1秒当たりの距離)であることも納得できることでしょう。

④ グラフを式で表そう

この授業の最後は,
「Aの部分を式で表すとどうなる?」
と問いかけ,グラフを直線の式で表すことに挑戦させます。感覚的に把握してきた「切片」と「傾き」をグラフから読み取り数値化させるのです。時間があれば4人班で確認させるとよいでしょう。

生徒が求めた数式をグラフ電卓に順に入力し,先ほどのグラフに重ねて表示して,正しいかどうかを確認します。実際の授業では,終了した後も,「傾きはもう少し急だ」「切片はもっと上だ」「変域は…」といった言葉が自然に出て,生徒たちはぴったり重なる式を粘り強く求めていました。

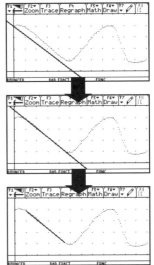

....**ここがPOINT!**...
実験を取り入れることで,参加型の授業になり,生徒の意欲は大いに増します。学び合いを適宜入れて,全員の理解を目指します。

グラフ電卓を使うことで,求めた式を確認する際にも,簡単に試行錯誤できるよさもあります。

グラフのBの部分を数式化させようとすると,切片が簡単に読み取れないため,「傾きと通る1点」や「通る2点」から直線の式を求める手法も活用でき,これまでの学習の復習にもなります。

2年　一次関数

地球温暖化レポートを
4人班で作成しよう

学び合いの形態	4人班
学び合いの目的	探究
学び合いの難易度	★★★

❶ 授業の目標と学び合いを行うわけ

　いわゆる「PISA型学力」については，全国学力・学習状況調査や学習指導要領においても「活用」をキーワードに，今日的な課題として取り上げられていますが，グループで問題を解くことについては，ほとんど話題にされていません。しかし，私が以前訪問したオランダでは，3人程度のグループで協力し，一日がかりで現実的な数学の問題を解いて，レポートにまとめるコンテスト（「数学A - lympiad」及び「数学B - Day」）を国をあげて行っています。これに類する挑戦をするのが，この授業です。

　授業の目標は，与えられたデータを読み取り，分析し，そこから予測できることを協力してわかりやすくレポートにまとめることです。

　資料と課題を与え，あとは生徒に委ねるだけなので，真に学び合える学習集団でなければ，授業は成立しないでしょう。学び合い授業の究極のスタイルの1つであると言えます。

❷ 授業の実際

① 4人班でレポートをまとめよう

　次ページの地球の平均気温平年差のグラフと書くべき内容を提示し，4人

班でレポートをまとめて提出するように指示します。

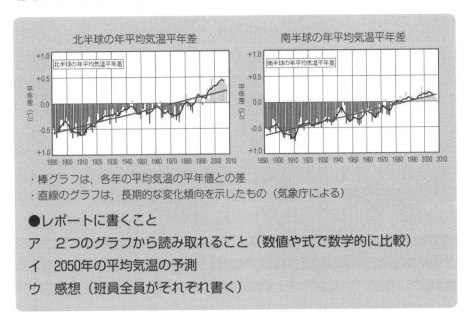

- 棒グラフは，各年の平均気温の平年値との差
- 直線のグラフは，長期的な変化傾向を示したもの（気象庁による）

●レポートに書くこと
ア　2つのグラフから読み取れること（数値や式で数学的に比較）
イ　2050年の平均気温の予測
ウ　感想（班員全員がそれぞれ書く）

課題を設定するに当たっては，以下のことを考慮しています。

●教師が加工していない，現実にある生のデータをそのまま与える。
●単に数値を求めさせるだけでなく，生徒たちの自由な着眼点や発想を生かせる問いにする。
●限られた時間内で，生徒が協力し合わなければならない状態に追い込む（授業50分＋昼休み25分＝75分）。

　はじめてのことでどうなるかと思ったものの，生徒は予想以上に意欲的で，分担・協力して取り組み，グラフからの読み取りや予測を楽しんでいました。同じグラフから北半球と南半球の違いを比較しているのですが，着目点や表

現に微妙な差が見られ，興味深いレポートが多く見られました。

ア　グラフから読み取れること
・0.5℃上昇するのに，北半球は70年，南半球は80年かかっている。
・直線の傾きは，北半球は$\frac{1}{140}$，南半球は$\frac{1}{160}$と北半球の方が急。
・平年差が0℃（x切片）は，北半球は1971年，南半球は1988年。
・平年差が負の部分の三角形の面積と正の部分の面積の差は，北半球は240，南半球は350で，南半球の方が大きい（下のグラフを参照）。

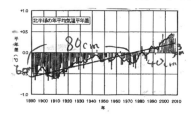 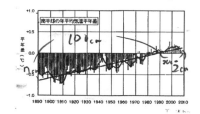

　長期的な傾向を示す直線のグラフを読み取ったものが多かったのですが，独自の読み取りをしていた班もありました。
・毎年のデータを10年単位でとらえ，その傾きを比較すると，南半球では1970年以前は負の傾きになるところが多いが，北半球では正の傾きが多く，正の傾きの方が急になっている。

イ　2050年の平均気温の予測
・グラフから直線の式を求めて，$x=2050$を代入して求める。
・50年あたりの気温上昇率を求め，これを利用して2050年を予想する。
・グラフを延長して，2050年の気温上昇をグラフから予測する。
・1970年以降の北半球の気温の上昇率はそれ以前とは違うと判断し，新たな直線のグラフ②をかいてグラフから2050年を予測する。
・新たにかいたグラフを式で表して，2050年を代入して気温を求める。

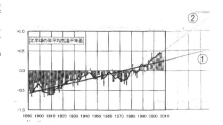

② 他の班のレポートのよいところを知ろう

　提出されたレポートは，次時までに目を通してよいところに下線を引いておき，書画カメラとプロジェクターを使って全体に紹介します。レポートを一人ひとりに書かせた場合，それをじっくり読むのは難しくなりますが，班で1つなら，無理なく目を通すことができます。

> **ここが POINT！**
>
> 　小グループでの学習が日常化している生徒たちだったこともあり，レポートにまとめ，表現することを通して，優れた発想がうまく共有されました。グループでレポート作成に取り組むことは，わかりやすくまとめる力を伸ばすうえでも効果的であると言えます。
> 　生徒の感想の中に，次のようなものがありました。
>
> > 　データからいろいろなことを読み取るのは，読み取る方法も異なるけど，決まりを見つけられるとおもしろすぎる。いろいろなことでやってみたい。
>
> 　このような感想を読むと，教師が課題を与えるだけではなく，生徒自身が現実事象から問い（テーマ）を見いだし，それを数学的に解決することができれば，さらにすばらしい学習になるだろうと思いました。

2年 図形の証明

サイン方式で三角形の合同の証明を伝え合おう

学び合いの形態	スタンドアップ（サイン）方式
学び合いの目的	確認・習熟
学び合いの難易度	★★★

❶ 授業の目標と学び合いを行うわけ

　証明は相手を説得するための手段です。ですから，書く際には読み手を意識して書き，読む際には書き手の意図をしっかりと理解しようとして読み取ることが求められます。授業においても，両方向から指導することが肝心ですが，文字式の証明と同様，証明を書く機会に比べると，証明を読み取る機会はあまり多くありません。

　限られた生徒が黒板に書いた証明を，教師とともに全体で確認するだけでは，正しい証明を書き写すことはできても，証明を読み取る力や，不十分な証明を訂正する力はつきません。

　本時は，三角形の合同の証明の書き方をひと通り指導した後に，トレーニングとして行う授業で，本時の目標は，三角形の合同の証明に習熟することです。

　スタンドアップ方式を一部変えた「サイン方式」で，生徒同士で自分で考えた証明を読み合い，校正する機会を設けます。友だちが書いた証明を読む経験を通して，生徒たちは書き手の意図を読み取ることの難しさを感じることでしょう。この経験を通して，自分の意図を正しく読み手に伝えるためには，きちんとした手順で書く必要があることを実感させ，三角形の合同の証明の書き方・読み方に習熟させていきます。

❷ 授業の実際

① フラッシュカードで既習事項を確認しよう

　三角形の合同を証明するにあたっては，図形の基本的な性質をしっかり覚えておく必要があります。

　そこで授業のはじめに，パワーポイントなどで作成したフラッシュカードを電子黒板等で提示し，全体で声を出して答えさせ，確認しておきます。

　カードは問題と答えを別画面にするのではなく，1つの画面に収めて，クリックすると答えが順に表示されるようにしておくと，カードをランダムに入れ替えて提示することもできます。

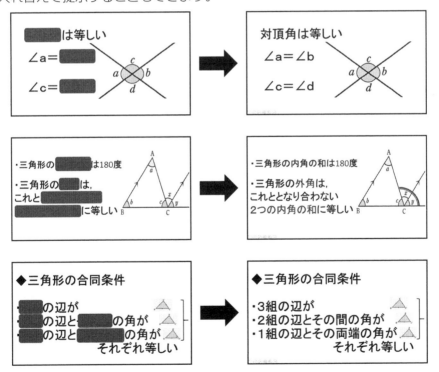

デジタル教科書の画面の重要な文字を白いマーカーで塗りつぶしておき，それを消しゴム等で順に消しながら答えさせる方法もあります。

② サイン方式で証明を伝え合おう

次に，三角形の合同の証明問題が数問書かれたプリントを配ります。

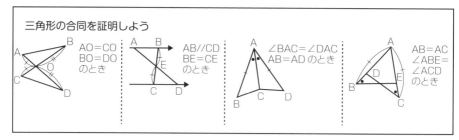

そして，サイン方式による学び合いのルールを説明します。

1　証明が1つでもできたら，立って友だちに読んでもらい，納得できる証明だったらサインしてもらう。納得できない場合は，納得できない理由を説明・質問し合う。そして，その場で証明を正しく書き直す。そのうえで1問につき3人のサインをもらうようにする。

2　サインをもらえるのは，1人につき1問のみとし，すべて別の人からもらうこととする。

3　2問のサインをもらえたら，教師のところで確認を受ける。

4　教師の確認で不十分な点が見つかったら，サインした生徒も集まり，なぜ納得したのかを説明する。

まずは，各自で証明問題を解いていきます。わからない生徒が多い場合は，座席を4人班にして，かかわりやすい状態にしておくのもよいでしょう。

できた生徒は，自分が書いた証明を見てもらうために，自由に動きます。最初は得意な生徒同士がかかわり合うことになります。ここでのかかわり合いで，間違いやすい点も明らかになり，おおむね正解ができ上がります。

　教師のチェックを受け，間違いがなかった生徒は，自信をもって指導的立場に回ることができます。

　動き出す生徒が増えてくると，正誤を判断しにくい未熟で不確かな証明が増えてきます。読み手となった生徒は，自分だけで判断するのが心配な場合も，席を自由に動いてよいので，他の生徒に確かめに行くことができます。その結果，正しい証明が広がっていきます。

　証明を読む側も，書いた証明の説明をする側も，いきいきと活動します。読み手と書き手の両方を経験することから，自分の証明の足りない点や，読み方が不十分だった点もわかってきます。友だちの証明に不足している条件を，教科書の証明を示しながら説明し，確認し合う生徒も出てくるようになり，より確かな理解につながっていきます。

ここがPOINT！

　他の生徒とかかわれない生徒をどうフォローするかが，この授業の成否を決めます。証明が早くできた生徒に，ピンポイントで声をかけてサポートを依頼するのは，有効な方法の１つです。

　サインをもらうのは１人につき１問のみとし，すべて別の人からもらうようにすることで，学び合いの輪が広がります。学級の状態にもよりますが，サインをもらう３人のうち１人は異性であることを義務づけると，早い段階から学び合いの輪が広がり，さらに活性化します。

　サインをもらえなかった生徒は，３日程度の期限を決めて，教師に提出させるようにします。苦手な生徒や時間がかかる生徒も，最後までやりきらせるため，教師がチェックするシステムを設けておくことは，学び合いを行ううえでとても大切です。

3年 | 多項式

数の法則をみんなで発見・証明しよう
(3時間扱い)

学び合いの形態	4人班
学び合いの目的	発見・探究，確認・習熟
学び合いの難易度	★★☆

❶ 授業の目標と学び合いを行うわけ

　規則性や法則を発見する授業は，生徒にとって楽しく，ワクワクする時間です。この授業の目標は，一人ひとりがグラフ電卓を操作して，法則を発見する喜びや，法則を文字式で証明できる感動を味わうことです。
　この感動の輪を広げるために，多様な学び合いを行います。

❷ 授業の実際

① 連続する2つの整数の2乗の差はどうなる？

　授業のテーマ「数の法則を発見しよう」を板書し，例として「連続する2つの整数の2乗の差はどうなるか」を，右のように簡単な例を挙げて考えさせます。
　勘のいい生徒は，これだけでも法則に気がつくことでしょう。多くの生徒が自力で法則に気づけるように，また，気づいた法則が本当に正しいかどうかを大きな数で確かめさせるために，グラフ電卓

$5^2 - 4^2 = 25 - 16 = 9$
$3^2 - 2^2 = 9 - 4 = 5$
$6^2 - 5^2 = 36 - 25 = 11$

```
■ 15² − 14²              29.
■ 16² − 15²              31.
■ 99² − 98²             197.
■ 500² − 499²           999.
■ 999² − 998²          1997.
999^2−998^2
```

を使って自由に計算・確認させます。実際の授業で使ったグラフ電卓（Voyage200）は，通常の電卓とは違って，答えだけでなく入力した計算式がそのままの状態で6つ（画面をスクロールすれば30まで）表示されることから，何をどのように計算したのかが記録として残り，法則を発見しやすくなります。

とはいえ，機器の操作で戸惑う生徒が必ずいるため，また，気が付いたことを自然に共有できるようにするため，右の写真のように4人班の座席にして活動させます。

確かめたものを全体でいくつか発表させて，この条件での結論「元の2つの数の和に等しくなりそう」という法則を確認しておきます。

② 新たな数の法則を発見し，班でまとめよう

次に，
「条件を少しだけ変えて新たな法則を発見しよう」
と投げかけ，グラフ電卓を使った自由な探究を通して，新たな数の法則の発見を促します。

発見した法則は，具体例をいくつかあげて，配った用紙に班でまとめるよう指示します。

発見した法則を各自のワークシートに書かせる方法もありますが，それでは何をやっていいのかわか

第3章　学び合いを位置づけた各学年の授業事例　　97

らず，時間内に法則を発見する楽しさを味わえない生徒も出てしまいます。そこで，発見した法則を班で書いてまとめさせるようにします。

　これにより，発見した法則の共有が自然と行われ，条件を少し変えれば新たな法則を発見できるので，発見する喜びを味わえる生徒が増えます。

　また，教師はグループの進行状況を見届ければよいので，個別に取り組ませるよりも机間指導が的確に行え，結果として，ほぼすべての班が法則を発見することができました。

　実際の授業で生徒が書いた振り返りカードにおいても，以下のように，法則を発見できた喜びや不思議さを記述したものが多く見られました。

- 1人じゃなかなか思いつかないけど，4人だといろいろなことを発見できて楽しかった。

- 1つしか見つけられなかったけど見つかったときはなかなか盛り上がった。

- はじめて法則を自分で見つけられた。わかるとおもしろかった。

- 新しい法則が見つかると楽しくなってやる気が出てまた楽しくなった。

- 見つけた法則を文字式で証明できたら「等しくなる」と言えますね。

- 連続していると元の数の和の1倍，2つ間があると2倍，3つだと3倍という法則はいつまで当てはまるのか？　ずっと続くのか？

③ 発見した法則を紹介しよう

　次の時間は，前時に書いた用紙を書画カメラとプロジェクタで写しながら，

生徒たちが発見した法則の紹介を行います。

　発見した法則を班内で書いてまとめる作業を前時に行っているため，他の班が発見した法則のおもしろさを理解できる生徒が多いということも，学び合いを取り入れたメリットと言えます。

④ 発見した法則を文字式で証明しよう

　続いて，元となる法則の「連続する２つの整数」という部分を変えて発見した法則に限定し，
「発見した法則が本当に成り立つか証明しよう」
と指示し，文字式での証明に取り組ませます。

　証明したい法則を自由に選んで証明させると，得意な生徒のモチベーションは高まるのですが，苦手な生徒の多くが，どこから手をつけてよいのかわからない状態になります。４人班で学び合いを行っても，問題が焦点化されていないため，効率がよくありません。そこで，限定して，発見した法則の証明に取り組ませました。

　最初は４人班の座席で，班内でサポートしながら証明に取り組み，班員全員が証明できたら，全員で挙手して教師に伝えさせます。教師は生徒の書いた証明をさっと確認し，問題がなければ席を立たせて，他の班のサポートをさせることとします。

　実際の授業では，全員が証明を完成させるのに，次の時間の前半までかか

りました。しかし，学び合いの環境の中で，どの生徒もじっくりと証明に取り組むことができ，学級全体の文字式の証明の習熟度の高まりを実感することができました。

⑤ 一連の法則を一般化しよう

同様の証明を進めていくことで，仮定の「元の2数の差」と，結論の「元の2数の和の倍数」が等しくなることに自然と目が向くようになります。

そこで，3時間めは，

「差を x とした場合，元の2数の和の x 倍になるかどうかを証明しよう」

と投げかけ，一連の法則が一般化できるかどうかを考えました。

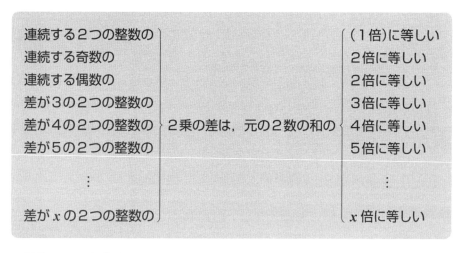

最後に，一般化されたこの法則は，

$a^2 - b^2 = (a + b)(a - b)$ ……元の2数の和は $a + b$，差 (x) は $a - b$

という，既習のよく知られた乗法公式の見方を変えて表現したものに過ぎないことを説明して，一連の授業を締めくくります。

ここがPOINT！

　生徒が法則を発見する場面での，「わかった」や「そうか」という思いは，「だれかに伝えたい」という思いを生み，説明した相手が理解することで発見した喜びはさらに増幅されます。発見する場面では，4人班の形にしておくだけで，多くの生徒が発言する機会を生み出し，学びの満足感を生むことにつながります。

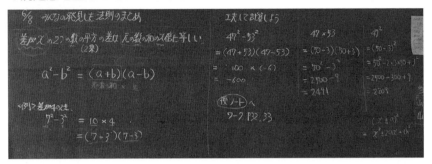

　生徒の発見をベースに展開する授業では，思考が拡散することを生徒とともに楽しみながらも「生徒全員を最低でもここまでは到達させたい」という押さえどころを設定する必要があります。限られた時間の中での学習なので，押さえどころを限定して，学び合いを取り入れて取り組ませ，生徒全員に達成感を味わわせたいものです。

3年 平方根

平方根の計算を4人班で追究しよう

学び合いの形態	4人班
学び合いの目的	発見・探究
学び合いの難易度	★★★

❶ 授業の目標と学び合いを行うわけ

　平方根の学習には，混乱がつきものです。正負2つの平方根があること，平方根を求めるのと根号を使って数を表すのは違うことなど，学習を進める中で何度も混乱に陥りやすい場面が出てきます。

　平方根の意味を正しく理解できるようになるためには，計算方法を単に暗記するだけでなく，定義に戻って平方してみたり，面積図で考えてみたり，実測して比較してみたりするなど，様々な方法で理解し，根拠を自分で再現できる状態にすることが肝要です。

　本時は根号を含む数の計算の導入の授業で，目標は $a\sqrt{b} = \sqrt{a^2 \times b}$ となるわけを様々な方法で理解することです。

　計算の根拠となる考え方を，教師による通り一遍の全体への説明で終わらせるのではなく，根拠を考え説明をつくり上げる場面と，発表し合う場面の両方で学び合いの場を設定し，確かな理解につなげることをねらいます。

❷ 授業の実際

① 気づいたことをあげてみよう

　単元の導入で使った「正方形の面積と1辺の長さの関係」から，$\sqrt{}$ の数

の中が同じ数の和について説明していきます。

面積2の正方形の1辺の長さは$\sqrt{2}$で、右の板書のように、これを順に拡張した図から、$\sqrt{8}=2\sqrt{2}$、$\sqrt{18}=3\sqrt{2}$、$\sqrt{32}=4\sqrt{2}$になることを示します。

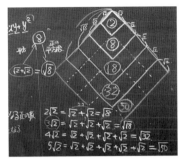

ここで、
「どんなことに気がつく？」
と問いかけると、「なぜ$\sqrt{8}=2\sqrt{2}$になるのか」という率直な問いや、関係性を読み取って「左辺のルートの中の数（$\sqrt{8}$）は、右辺のルートの外の数（2）を2乗して中の数（2）にかけたものに等しい」といった気づきが出てくるはずです。

② 4人班で追究しよう

実際の授業では、生徒の気づきを生かし、以下の課題を4人班で追究させることにしました。

> $\sqrt{8}=2\sqrt{2}$のように、左辺のルートの中の数が、右辺のルートの外にある数を2乗して中の数にかけたものに等しくなる理由を考えよう。

ここまでの学習を通して、平方根について関係を考える際には、以下の4通りの手だてを扱っているはずです。

- ●面積図で考える
- ●平方して考える
- ●定義から考える
- ●近似値で考える

これらの手だてを手がかりとして、生徒たちは4人班で相談しながら意見

を出し合い,理由を考えてまとめていきます。
　このとき,ホワイトボードとマーカーを各班に配り,気がついたことを自由に書きながら,徐々に議論を焦点化させていきます。

　具体的に$4\sqrt{2}$や$5\sqrt{2}$の場合でも成り立つことを示す班や,$2\sqrt{5}=\sqrt{20}$の場合でも同様に成り立つことを示す班もあれば,これまでの学習から,一般化した数式を2乗して考える班,正方形の1辺を$\sqrt{x}$とした図で説明する班など理由の説明の仕方は様々です。
　教師は,班でのやりとりを見ながら,
「面積から平方を考えたんだね」
「文字式で一般化して考えたのか」
のように,生徒のアイデアを価値づけたり,

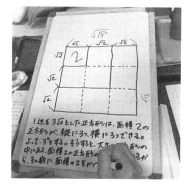

「ここ,なぜこうなるかわかる？」
と尋ねて,1人の生徒の考えを同じ班の生徒が理解しているかどうかを確かめたりするなど,学び合いが有効に働くように,適宜,机間指導をしていきます。
　実際の授業では,平方して等しくなるかどうかで考えていた班の中に,平方の計算で勘違いしてつまずいていた班もありました。せっかくの生徒のアイデアを生かすために,このときには,積極的に計算の手助けをして,正解にたどり着くことができるように教師が直接サポートしました。

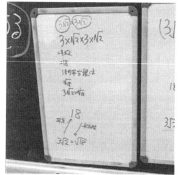

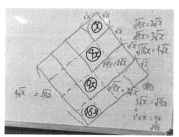

③ 代表者の説明を聞こう

最後は，解決できた班の代表者に，それぞれの場所で説明させ，他の生徒には移動してその説明を聞き取らせるようにします。

少人数に対して発表を行うことになるので，質問や聞き直しもしやすく，発表者も自分の班の考えを理解してもらうために，工夫して説明しようとします。

> **ここがPOINT！**
>
> 　時間がかかり，遠回りのようにも感じられる授業ですが，なぜそうなるのかを自分たちで考え，説明を組み立てていくことを通して，生徒たちは平方根や計算の意味を獲得していきます。
>
> 　最後の代表者の説明場面は，時間をかけることができる状況であれば，説明を聞いた生徒が自分の班に戻って聞いたことを説明する，ジグソー学習のようにするのも１つの方法です。
>
> 　とはいえ，理由を考えて理解させるだけでは，生徒はすぐに忘れてしまいます。これらの学習に加えて，計算練習を繰り返し重ねていくことも忘れてはいけません。

3年 二次方程式

問題の背景をみんなで探ろう
（2時間扱い）

学び合いの形態	スタンドアップ方式，ペア
学び合いの目的	発見，確認
学び合いの難易度	★★★

❶ 授業の目標と学び合いを行うわけ

　問題を解決する手がかりを得ておくことや，問題を解決した後で解の吟味を行うことは，事象を数理的に考察する際に大事にしたい活動です。とはいえ，限られた授業時間の中では，なかなかその余裕はありません。

　この授業の目標は，二次方程式の利用の問題を解くことを通して，背景にある二次関数の世界を考察する（解が2つある理由を考える，最大値の存在やなぜそのときに最大になるのかを探る）ことです。

　二次方程式の利用の問題では，計算で求められた2つの解が問題の解として適するかどうかの吟味が必要になります。また，二次方程式の利用の問題は，背景に二次関数が存在していることが多いので，発展的な課題になりますが，問題の背景を考察することにも大きな価値があります。

　単に正解の求め方を理解させるだけでなく，問題の背景を少しでも多くの生徒が理解できるようにするために，学び合いの場を設定します。

❷ 授業の実際

① 折り曲げる長さを求めよう

　まず，次ページの課題を提示します。

> 幅が20cmの厚紙を，下の図のように左右同じ長さだけ垂直に折り曲げます。断面の長方形の面積を48cm²にするには，厚紙を何cm折り曲げればよいでしょうか。
>
>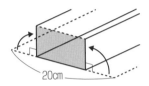

　折り曲げる長さを x cmとすると，横の長さは$20-2x$（cm）となるので，この2つをかけて面積の48cm²と等号で結べば二次方程式ができます。これを解いて，厚紙を折り曲げたときの縦の長さが何cmになるのかを求めるという，基本的な問題です。

② どうして解が2つあるのか考えよう

　実際の授業で，この問題を解いた後に，「どうして解が2つあるのだろう」という素朴な問いが生徒から出されました。そこで，これを取り上げて，思い切ってこの問題の背景を追究してみることにしました。まず，
　「折る長さを増やしていくと，面積は増え続ける？」
と問うことで，折り曲げる長さによって，長方形の面積はどう変化するのかを考えさせました。

> 厚紙を x cm折るとすると，
> $$x(20-2x)=48$$
> $$20x-2x^2=48$$
> $$x^2-10x+24=0$$
> $$(x-6)(x-4)=0$$
> $$x=6,\ x=4$$

③ 面積の変化の概略を確認し合おう

　しばらく1人で考えさせたところで，

「折る長さを増やしていくと，面積は増え続けるかどうかについて，立って意見交換しよう」
と呼びかけて，全員を立たせ，スタンドアップ方式での学び合いを開始します。

　解答をだれか1人に言わせて終わりにするのではなく，全員が互いに説明し合う場を設けることで，生徒たちは自分なりの根拠に基づいて説明し合うことになり，理解が深まっていきます。それに伴って授業も一気に活気づきます。

　面積は最初は増加するが，やがて減少していくことをおおむね生徒が予想できたところで，右のように作図ツールなどで図を動かしながらおおよその変化の様子を確認しておくとよいでしょう。

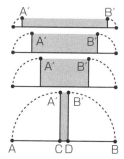

④ 面積の変化を関数的にとらえよう

　そのうえで，折り曲げる長さを x cm，長方形の面積を y cm として，y を x の式で表し確認します（$y = x(20-2x)$，すなわち，$y = -2x^2 + 20x$）。

　この式だけでは，生徒は変化をイメージできないので，
「x を1ずつ変化させたときの面積を具体的に求め，表に表そう」
と指示し，面積の変化を具体的な数値で確認していきます。

　ここでは，となり同士のペアで確認しながら，表を埋めさせます。

x	0	1	2	3	4	5	6	7	8	9	10
y	0	18	32	42	48	50	48	42	32	18	0

　　　　+18　+14　+10　+6　+2　-2　-6　-10　-14　-18

この時点で生徒は２乗に比例する関数すら学んでいないのですが、xとyの値や、矢印で示した変化の割合から、$y=-2x^2+20x$のグラフを簡単にかいて、この放物線と直線$y=48$が２点で交わることも示しておきます。

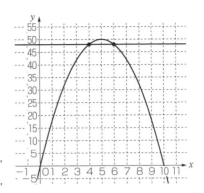

この表とグラフにより、面積を決めると、一般的には折る長さが２つ存在する理由や、$x=5$のときに面積が最大になりそうなことも見えてきます。

一方、長方形を図にしてみると、$4 \times 12 = 48$と$6 \times 8 = 48$のように、同じ面積の長方形であっても、表やグラフから感じられるような対称的な世界でないことも大変興味深いところです。

⑤ 縦５cm、横10cmの長方形の意味を探ろう

ここで、
「どうして縦５cm、横10cmのとき面積が最大なんだろうか？」
という問いが生徒から出されました。
「どういう形なら納得がいくの？」
と尋ねてみると、「正方形なら…」という答えが返ってきたので、試しに正方形になるときの面積を求めると、

$$\left(\frac{20}{3}\right)^2 = \frac{400}{9} \fallingdotseq 44.4\text{cm}^2$$

となり，正方形のときに面積が最大ではないのは明らかです。

 とはいえ，確かに，5cm×10cmという中途半端な長方形のときに面積が最大になるというのは，何とも不思議で，腑に落ちないものです。

 どうしてこの長方形のとき面積が最大になるのかをしばらく考えさせたのですが，生徒からはその理由が出てきませんでした。

 そこで，この長方形のもつ意味に気づかせるために，次のような課題を考えさせることにしました。

> この厚紙を折って筒状の長方形をつくります。縦の長さを x cm，長方形の断面の面積を y cm²とするとき，面積が最大になる形を考えよう。

 周囲の長さが20cmということは，縦＋横＝10cmとなります。これより，横の長さは $10-x$ だから，$y = x(10-x)$ となります。これに x を0から順に代入して表にしていくと，次のようになります。

x	0	1	2	3	4	5	6	7	8	9	10
y	0	9	16	21	24	25	24	21	16	9	0

+9　+7　+5　+3　+1　-1　-3　-5　-7　-9

 この表から，厚紙で長方形の周囲をぐるりと囲んだ場合は，生徒の予想通り，正方形となる $x=5$ cmのときが面積最大となることが予想されます。

 ここで再び元の条件に戻して，一周を囲んだ場合は正方形が面積最大なのに，3面を囲んだ場合は，なぜ縦5cm，横10cmの長方形が面積最大になるのかを考えます。

 しばらくすると，右図のように，この長方形は正

方形を2つに分割した形だということを発見する生徒が出て、この疑問は解決されました。

⑥ 半円の面積を求めよう

残りの時間で、この厚紙を円（半円）にすると面積が最大になることを伝え、面積を計算させてみました。半円の弧が20cmとなる半円の半径は40÷π÷2≒6.37だから、半円の面積は63.7cm²となり、長方形のときに比べて随分大きくなることがわかります。

この日の振り返りカードには、
「台形だったら、どのようなときに面積が最大になるのだろうか」
といった新たな問いを、複数の生徒が書いていました。

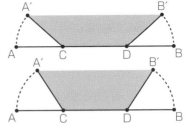

この疑問を解決するためには三平方の定理が必要で、この時点では追究することができません。しかし、こういった興味深い問いは、自主レポートを作成させるなどどこかで取り組む機会を設け、挑戦させたいものです。

> **ここがPOINT！**
>
> 問題の背景を考えると、生徒にとって切実感のある問いが生まれます。その問いを追究していくと、さらに新たな問いを生徒たちは考えるようになります。この連鎖が起きると、探究する楽しさは一層増します。
> 一方で、このような発展的な課題を扱うときこそ、一部の生徒が独走する授業にならないように、意図的に学び合いの機会を設け、全員を巻き込んで授業を進めていくことが求められます。

3年 　関数 $y = ax^2$

4人班で疑問を追究し，レポートを作成しよう

学び合いの形態	4人班
学び合いの目的	発見・探究
学び合いの難易度	★★★

❶ 授業の目標と学び合いを行うわけ

　2乗に比例する関数のおもしろさの1つに，変化の割合が一定でないことがあります。一次関数において，変化の割合が変わらないことに慣れていた生徒たちは，当初はその変化に戸惑いますが，この単元の学習を通して変化の割合の本当の意味を学ぶことになります。

　この授業では，2乗に比例する関数においても，変域のとり方によって変化の割合が一定になる事例を示し，その不思議さを班ごとに探究し，レポートにまとめさせます。

　授業の目標は，班で疑問を探究し，協力してレポートをまとめることを通して，2乗に比例する関数の不思議さ，美しさを味わい，数学への関心を高めることです。

　自由度が高く，それだけ高度な学び合いですが，生徒の力を信じ，励ましながら授業を進めます。

❷ 授業の実際

① 変化の割合を求めよう

　まずは，次のような課題を提示します。

> $y = x^2$で，xが－5から－3まで変化するときの変化の割合を求めよう。
> $y = x^2$で，xが－4から－2まで変化するときの変化の割合を求めよう。
> $y = x^2$で，xが－3から－1まで変化するときの変化の割合を求めよう。
> $y = x^2$で，xが－2から－0まで変化するときの変化の割合を求めよう。

　最初は単なる練習問題のように思っていた生徒たちも，求めた4つの変化の割合がすべて同じ値になることに気づき驚くことでしょう。求めた答えに自信がなくなり，まわりの生徒に確認する姿も見られるでしょう。

② 「確かに言えること」と「追究したいこと」を区別しよう

　そこでまず，変化の割合がすべて－2になることを全体で確認し，気がついたこと，疑問に思ったことを発表させます。

　このとき，気がついたことを自由に発表させながら，「確かに言えること」と，「追究したいこと」の2つをはっきり区別していくことが，この後の活動を左右します。

　「確かに言えること」としては，「求めた変化の割合がどれも同じになること」，それゆえ「この区間の2点を結ぶとグラフ上に平行線が現れること」などがあげられます。これまでの学習で何度も見てきた放物線のグラフの中に平行線が存在するという事実は，平行線を構成する両端の点の間隔が等しくないだけに，何とも不思議な現象です。

　「追究したいこと」としては，「なぜ変化の割合が同じなのか」という疑問はもちろんの

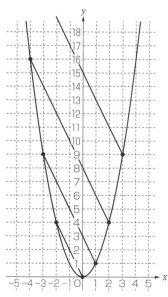

こと,「xの変域の最小値と最大値の和が変化の割合になる(例えば,−5〜3なら,(−5)+(+3)=−2)のではないか」といった予想も考えられます。

さらに,「変域の幅を−6〜4のように広げていっても変化の割合は同じなのか」「$y=2x^2$や$y=3x^2$のように比例定数を変えたり,最初にとるxの変域の場所を変えたりしても,変化の割合について同じことが言えるのか」といった疑問が出されることが考えられます。

③ 班ごとに追究し,レポートを作成しよう

これらの疑問や予想が本当なのか,一般化できるのかなどは,最終的には文字式を使って証明に持ち込みます。このことを示唆したうえで,「疑問に思ったことを班で追究し,不思議な世界を明らかにしよう」と板書し,4人班でわかったことをレポートにまとめるように指示します。

提出期限は次回の授業終了時とし,限られた時間の中で協力・分担して班で1つのレポートにまとめることを求めます。

実際の授業では,しばらくの沈黙の後,自分たちが追究したいテーマを決定する話し合いが各班で始まりました。

追究したいテーマが決定したら,追究の方向性を検討したり,班内で分担して求めた数値を互いに比較し,新たな性質の発見や予測をしたりするなど,活発なやりとりが各班で起こりました。

④ 提出されたレポートの抜粋

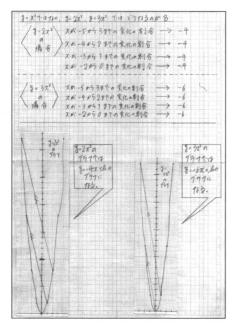

$y=2x^2$ と $y=3x^2$ の場合で，変域を1つずつ狭めて変化の割合を求め，グラフでも比較しています。比例定数が小さいと，平行線の角度が緩やかになるということを発見しています。

比例定数 a を1ずつ変化させ，2つの変域で変化の割合を求め，一定の変化があることを発見しています。

さらに，$y=ax^2$ のときの変化の割合を，変域を1ずつ狭めて文字式で求め，a と関係があることも発見しています。

左　いくつかの事例から，$y = x^2$では「xの変域の最小値と最大値の和」と変化の割合が等しくなることを確かめたうえで，「$y = x^2$で変域の最小値と最大値の和」が−2のときの変化の割合は−2になることを文字式で求めています。

右　さらに，$y = 2x^2$のときxの変域を$a \sim b$として変化の割合を求め，最終的には$y = ax^2$において，xが$m \sim n$まで変化するときの変化の割合を求めています。これにより，発見した法則が一般的に成り立つことを示しています。

⑤ レポートに書かれた生徒の感想

- これまで自分で仮説を立てて，文字に当てはめることはなかったからおもしろかった。でもまだ完璧にはすっきりしていないので，本当はどうなるのか知りたい。
- 最初に変化の割合が$a(m + n)$になると予想して，実際に文字式を解いていくうちに$a(m + n)$になって，やっぱ数学はすごいと思った。
- 今までに使ってきた文字式が利用できて，すごいと思った。一般化したいと思ったら，文字で置いてみるときれいな答えが出るんだとわかって，すごく楽しかった。

- 一般化をするときには，使えることを使った方がやりやすい。表をつくるとすべてが見えてくる。文字による一般化はすごく鮮やかだ。複雑に入り組んでいたものを単純にしてくれる。
- 自分に託されたところを責任をもち，調べていく。いろんな面から見たり，見方ややり方を変え，様々なことに気がつくということは，とても大切なことだ。1人でも遊んだり参加していない者が出ると，不完全なものになってしまう。協力することの大切さを感じた。
- 同じ変域の三次関数では，グラフにしてみると，ある一定の所に線が集中したのですが，時間がなく考えることができませんでした。ですが，班活動は充実した時間になりました。

ここがPOINT！

　レポートに書かせる場合は，書く内容を，明確にしておくことが大切です。ここでは，「テーマと動機」「追究したこと」「わかったこと，さらに残った疑問」を分担して書かせ，「感想」は全員に書かせることとしました。

　テーマや追究の方向性を決定する際の教師の指導は，生徒の様子によっても大きく異なります。啐啄同機(そったくどうき)という言葉のように，教師が指示を出しすぎても，生徒だけでは解決できない状況を放置していてもうまくいきません。しかし，基本的には思いきって生徒に委ねることだと思います。かかわり合いがうまくいっていない場合は教師が介入する必要がありますが，それ以外は，生徒を信じて励まし，学びを委ねていくことが肝心です。

3年 関数 $y = ax^2$

ボールの落下運動をみんなで探究しよう

学び合いの形態	スタンドアップ方式，4人班
学び合いの目的	確認，発見・探究
学び合いの難易度	★★★

❶ 授業の目標と学び合いを行うわけ

　物体の落下時間と距離の関係が2乗に比例することは，科学を学んだ人ならだれもが知っている事実です。$y = 4.9x^2$ というシンプルな数式で表せる美しさに，ガリレオ以降，多くの科学者たちが惹かれてきたことでしょう。

　この授業は，距離センサーとグラフ電卓を使い，教室内で数十cmだけボールを落下させる実験をし，ボールの落下運動を数式化します。そして，9m落下させたときの落下時間を予想し，実際に実験して検証するものです。

　授業の目標は，実験で得たグラフから落下運動を数式化し，9m落下した時間を予測することを通して，数学が日常に存在することや，関数関係をとらえることのよさを理解し，数学への関心・意欲を高めることです。

　どの生徒にとっても楽しい授業にするために，要所要所で学び合いを取り入れ，生徒全員の理解を確かにしながら授業を進めます。

❷ 授業の実際

① 落下にかかる時間を予想しよう

　まず，教師が持ってきたボールを見せ，ボールの落下運動を検証することを宣言します。そして教卓の上に立ち，生徒の前でボールを落下させます。

ボールの落下スピードがだんだん速くなることを確認したうえで，
「9m落下させたら何秒かかるかな？」
と尋ね，生徒に予想させます。

教卓の上（約2m）から，ボールを落下させるとおよそ1秒程度かかることから，2秒以下を予想する生徒はほとんどおらず，3～4秒という生徒が多いはずです。

次に，距離センサーを使ってボールの落下運動を測定し，数式化する方法を，教師が実験を見せながら説明していきます。実際の授業では，前出の「『距離と時間のグラフ』をみんなで考えよう（2年　一次関数）」と同様に，Texas Instruments製の距離センサーCBRとグラフ電卓Voyage200を活用しました。CBRは超音波の反射により距離を測定するセンサーで約50cmから6mまでの距離を測定でき，そのデータをVoyage200に転送して，表やグラフで表すことができます。

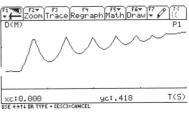

② グラフが表していることの意味を考えよう

センサーを使って教室でのわずか数十cmのボールの落下・バウンドを測定すると，右のようなグラフになります。グラフの縦軸はボールとセンサーの距離，横軸は経過時間を表すことを説明します（センサーは上から測定するので，グラフの形はボールがバウンドする様子と，ちょうど上下逆の形になります）。

グラフが表していることの意味を全員が正しく理解できるように，学び合いで確認していきます。

「ボールが床に着いたときは，グラフのどこ？」
と問いかけ，10秒ほど考えさせたらすぐに全員を立たせ，スタンドアップ方式で相談して考えをまとめさせ，そのうえで全体で確認します。

その後も,
　「なぜそこは,グラフが尖ってるの?」
　「ボールが頂点に達したときはどこ?」
　「なぜグラフがゆるやかになるの?」
といった,傾きと速さに関する理解を確かめる問いかけや,
　「ボールは何cm跳ね返っている?」
　「尖っているところを結ぶと横に一直線なのはなぜ?」
など,事象とグラフの関係を理解させるための問いかけをしておきます。

　そのうえで,ボール落下を数式化するプログラムの操作方法を,機器を操作しながら説明します。使用したプログラム「TI-Bouncer」は,金沢高専生(当時)の三尾善之さんに作成していただいたものです。中学生がボール落下運動を数式として扱えるように,ボタンを押していくことで,右図のようにグラフの1つのバウンド部分を切り取り,測定値の頂点の座標を原点に変換するものです(測定時間の間隔や,測定回数も設定できます)。

最初の画面

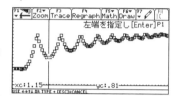
測定データをグラフ化

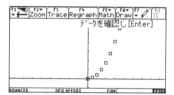
切り取り,頂点を原点に

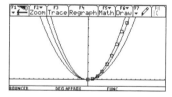
グラフによる近似

　グラフから数式にするところは,測定値の点(□)を通るような数式を,試行錯誤しながら入力することで求めることを説明します。

③ 班ごとに実験し,数式や時間を求めよう

　距離センサーとグラフ電卓を4人班に1台配り,班ごとに実験します。実際に操作することで,現実事象のボールのバウンドが,美しく見慣れた放物線のグラフとして表されていくことや,それを確かに数式化できるすごさを

実感しながら，生徒たちはいきいきと落下運動の数式を求めていきました。

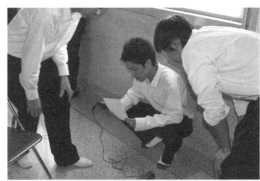

　数式は求められても，二次方程式（例えば，$9 = 5x^2$）を解く段階で悩む班も出てきます。単に計算するだけなら$x = \pm\dfrac{3\sqrt{5}}{5}$とすればよいのですが，これでは何秒後かはっきりしません。日本では根号を含む数式の計算は，根号を含む形で答えさせます。しかし，数学を積極的に日常で活用させたいのなら，欧米のようにルートの数を概算でも必ず小数に直させたいものです。

④ 予測を発表しよう

　班ごとに，近似した数式と時間を黒板に記入して発表させます。実際の授業では，以下のような数式と，かかる秒数を求めていました。

時間と距離の関係式	9mの落下にかかる時間
$y = 4.3x^2$	1.45秒
$y = 4.5x^2$	1.41秒
$y = 4.8x^2$	1.37秒
$y = 5x^2$	1.35秒

⑤ 検証実験で確かめよう

いよいよ，生徒が求めた数値が正しいかどうかを，検証実験をして確かめます。このときは，となりの校舎の3Fの窓（高さ9m）からボールを落として，デジカメで撮影しました。

デジカメで撮影したのは，動画をコマ送りして時間を測定（カウント）するためです。使用したのは動画撮影できるデジカメ（コマ送り再生ができるデジタルビデオカメラでも可）です。

デジカメやデジタルビデオの多くは，1秒間に30コマ（フレーム）撮影することが可能で，再生しながらコマ数を数えることができれば，ボールの落下時間を$\frac{1}{30}$秒（約0.03秒）単位で測定することができます。

検証実験の結果，41～42コマ目でボールは地面に届きました。これは，$\frac{41}{30}$～$\frac{42}{30}$，つまり約1.37～1.4秒ということになります（$y = 4.8x^2$～$y = 4.5x^2$）。

最後は感想を書かせて授業を終えました。

⑥ その後の授業で

次の時間には，わずか数十cmの測定値から，

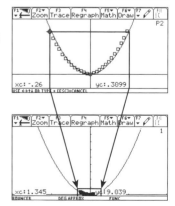

9m落下したときの動きまで予測できるということは，実に感動的であるということを，前ページ右下のグラフを示しながら話しました。

　また，時間に余裕のある学級では，生徒にテーマを考えさせて自由に実験する時間を2時間与えたところ「ボールを斜め下に投げてバウンドさせたらどうなるの？」「ボールの種類を変えたらどうなるの？」「転がるガムテープの運動は？」など楽しい実験が繰り広げられました。

　特に転がるガムテープの運動を数式で表した班からは，「加速する運動だけでなく減速する運動も放物線になるのではないか」という予想から実験を考えたという意図を聞き，生徒同士で科学的な思考を伴うやりとりが行われていたことに，大変感動しました。

　動きが止まるあたりを頂点に見立ててグラフで近似すると，2乗に比例する関数と言える結果が出ています。

　こんなにおもしろいことに気がつく生徒たちの豊かな発想（遊び心）には脱帽するしかありません。テクノロジーを活用すると，身

の回りの事象を数学的に分析できます。そういった経験が事象を数学（科学）的に見る心を育てているのでしょう。

> **ここがPOINT！**
>
> 　授業の前半部分で，全員を巻き込むことができるかがまずは重要です。そこで，スタンドアップ方式でていねいにグラフを読み取る力を確認しておくわけです。
>
> 　ICT機器を使わせると楽しい授業になりますが，どうしても時間がかかります。ですから，前後の授業をどう設計するのかもポイントです。

3年 相似な図形

相似な三角形をみんなで探そう

学び合いの形態	4人班，スタンドアップ方式
学び合いの目的	発見，確認
学び合いの難易度	★☆☆

❶ 授業の目標と学び合いを行うわけ

　地図など，身近なところに相似な図形は存在します。長方形の紙を適当に折るだけでも相似な三角形が現れます。

　この授業の目標は，紙を折るという身近な事象の中から相似な図形を見いだし，相似になる理由やならない理由を，図形の性質や相似条件を使って説明できることです。

　なぜ相似になるのかを説明できなければ，証明を書くことはできません。生徒同士の学び合いを設けることで，説明する楽しさとわかる喜びを，多くの生徒に実感させます。

❷ 授業の実際

① 相似な三角形を見つけよう

　長方形の紙を生徒に配ります。紙を適当に折るのを書画カメラで見せながら，生徒にも同じように折らせてノートに貼らせます。頂点や交点に記号を打ったところで，
　「相似な三角形を見つけ，記号で表しましょう」
と指示します。

ここで4人班の形に座席を動かして，自然に意見交換ができる状態にしておきます。
　ある程度考えさせたところで，
「相似な三角形はいくつ見つかった？」
と問いかけ，3つあることを引き出し，すべての三角形を見つけていない生徒にも確認させます。

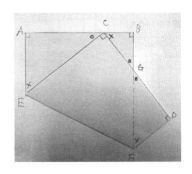

② 相似になる理由を説明しよう

　全体の場で，相似になるであろう3つの三角形（△AEC，△BCG，△DFG）を確認したうえで，
「なぜ相似になるのかを説明しよう」
と呼びかけます。全員に必ず理解させたい内容なので，スタンドアップ方式で自由に相手を決めて説明させます。

　角が等しくなる根拠は，三角形の内角の和または，三角形の外角の性質を利用して示すことになるのですが，きちんと説明できる生徒は少ないので，全体の場で発表させ，根拠を確認しておきます。

③ 他に相似な三角形はないかを考えよう

　続いて，
「他に相似な三角形はないかな？」
と問いかけます。
　これまでの授業から，新たに線を引いて相似な三角形を見いだそうとする生徒が出てく

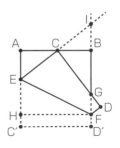

第3章　学び合いを位置づけた各学年の授業事例　125

ることを期待しますが，出てこないようなら，線を加えてもよいことを伝え，さらに考えさせます。

実際の授業では，次のような意見が生徒から出されました。

> ● AB に水平で点 F を通る線分 FH を引いたとき，△EHF は？
> ● GB と EC を延長した線の交点を I としたとき，△GCI と△CBI は？

後者は共通な角がある直角三角形であることから簡単に相似になると言えますが，前者の△EHF はなかなか難しい問題になります。

そこで全員を再び立たせて，△EHF が先ほどの3つの三角形と相似になるかどうかについて，自由に意見交換・相談させることを目的に，スタンドアップ方式の学び合いを行います。

多くの生徒は，相似にならないであろうことには気がつくのですが，その根拠をどう示してよいかわからず苦戦しました。頂点 E 周辺の角に注目した生徒たちは，角が等しくないことを確認していました。

最後に，一般的には，△EHF は他の3つの三角形と相似にはならないが，∠HEF＝60°となるように折った場合は，∠AEC＝∠CEF＝∠HEF となることから相似になることを全体で確認し，授業を締めくくります。

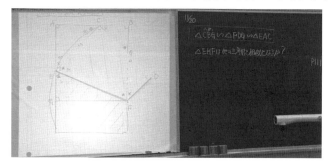

ここがPOINT！

「∠BCG が…」などのように，記号を読み上げて説明されると，聞き取って認識することが難しく，理解しにくくなります。そこで，図の中に等しいマークをつけて，図を指さしながら説明していくことが，確かな理解につながります。そういう理由からも，近距離で，同じ図を指さしながら説明し合うことができる少人数での学び合いは，有効であると言えます。

また，EF，CD を延長して交点を J としてできる△JCE は，相似の相手が見つからなかった△EHF と常に相似になります。

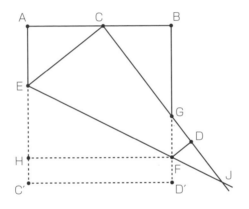

3年　相似な図形

四角形の形を決める条件を
みんなで探究しよう（2時間扱い）

学び合いの形態	スタンドアップ方式，4人班
学び合いの目的	発見・探究
学び合いの難易度	★★☆

❶ 授業の目標と学び合いを行うわけ

　どんなにいびつな四角形であっても，中点を順に結ぶだけで平行四辺形ができることは，実に美しく不思議な図形の性質です。このことを，ノート上の図だけでなく，図形ソフト上で図を自由に動かして十分体感させたうえで，なぜそうなるのかを追究させます。

　同様に，中にできる四角形が長方形やひし形，正方形になる条件も，図形ソフト上で四角形を操作・変形する中で生徒に発見させます。そのうえで，その条件を探究していきます。

　授業の目標は，これらの性質を発見，証明することを通して，図形の美しさや不思議さを味わうことです。

　ICTの活用が前面に出てきがちですが，図形の美しさや不思議さを，すべての生徒が味わえるようにするには，適切なタイミングで学び合いを行うことがポイントになります。

❷ 授業の実際

① 相似な三角形や平行四辺形がいくつあるのか確認しよう

　△ABCのすべての辺の中点をD，E，Fとし，順に結び，

「どんなことに気がつく？」
と発問します。

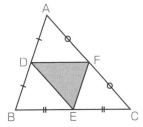

このように，オープンな発問を行うと，教師が気づかなかった見方が生徒から出されることもあり，図形の見方を豊かにすることにつながります。ここでは「相似な三角形がある」「平行四辺形がある」という声が上がるはずです。そこで，
「それでは立って，それぞれいくつあるのか確認しよう」
と呼びかけ，意見交換のためのスタンドアップ方式での学び合いを開始します。

学び合いの中で，生徒は気がついたことを語り始めます。相似な三角形は見えていても，平行四辺形は見えていなかった生徒から「本当だ」「そうか，3つあるんだ」といった声が上がります。それぞれが確認していれば，全体の場での確認は簡単にできます。また，中点連結定理から，中点を結んだ辺は各辺に対して平行で，長さが半分になることも押さえます。

② 図を動かして考えよう

三角形の各辺の中点を順に結ぶだけで新たな性質が生まれることから，
「四角形ではどうなるだろうか？」
と問いかけます。

まずはノートに，四角形の中点を順に結んだ図を複数かかせて，そこにできる図に共通した性質を発見させます。

このとき，同じような形の四角形しかかけない生徒もいるので，凹四角形など黒板に例をいくつかかいておきます。

さらに，この図を動かすことができる図形ソフトが入ったタブレットPC（iPad）を4人班に1台ずつ配り，どんな四角形であっても中点を順に結ぶと，確かに平行四辺形になりそうなことを確かめます（このソフトは，愛知教育大の飯島康之教授が開発したGC／html5で，インターネットが表示できるブラウザ上であれば，パソコンでもタブレットPCでも，スマホでも使えます）。

iPadは，指で同時に複数の点を動かすことができるので，班員全員が一度にそれぞれ4つの頂点を動かし，変形させることもできます。

図形をどのように変形させても，中にできた四角形が平行四辺形であり続けることは，たとえ理由を知っていたとしても，新鮮な驚きがあります。

③ なぜ平行四辺形になるのかを考えよう

四角形の各辺の中点を順に結ぶと平行四辺形になることを全体でも確認したうえで，どうして平行四辺形になるのかをそのまま4人班で考え（証明）させます。4人班で真摯な意見交換ができるようになると，それだけで楽しい時間になります。

ここでは，対角線に注目できるかどうかがカギになります。できるだけ班ごとの自力解決を目指したいので，いくつかの班が気がついたところで，その班に「ヒントは？」と問いかけ，対角線に注目することを発言させます。

黒板での説明の後，iPadの図の対角線に色をつけて，再び図を変形させ，中点連結定理が働いていることを理解させる時間を設けます。

④ 四角形の形を決める条件を考えよう

次の時間は，振り返りカードにあった，右のような生徒の疑問を生かしながら，以下の課題を設定します。

> 中の四角形 PQRS がひし形や長方形になるとき，外の四角形 ABCD はどんな形だろう。また，四角形 PQRS の形を決める条件は何なのだろう。

この時間も4人班にして，iPadを班に1台ずつ用意し，四角形 ABCD を自由に変形して，追究させます。

「長さや角度を測定したい」「辺を強調したい」という班があれば操作を教え，それを手がかりに追究が深まっていきます。

実際の授業では，いくつかの班が「外の四角形 ABCD の対角線が，中の四角形 PQRS の形を決定している」ということに気づき，最後は理由を含めて全体に紹介させることで，一連の授業を締めくくりました。

ここが POINT！

ICT 機器を使って探究させると，活動は活性化しやすいのですが，全体で思考する場面では，機器を置いて，意見を発表したり，他の生徒の意見を聞くことを徹底させる必要があります。

機器を使う授業のはじめに，班で操作する場面と，全体で思考する場面の切り替えの大切さを強調しておくことで，大抵の生徒は切り替えられるようになり，有意義な授業になります。

3年 三平方の定理

証明の仕方を説明し合おう

学び合いの形態	ペア，スタンドアップ方式
学び合いの目的	発見，確認
学び合いの難易度	★☆☆

❶ 授業の目標と学び合いを行うわけ

　三平方の定理の証明は，古今東西，様々なものがあります。教師としては，数式による証明で納得させたいところですが，生徒には，面積が等しくなることを利用したパズル的な証明の方がうけがいいようです。

　この授業は，数式で三平方の定理の証明をした後に，学び合いを通して，三平方の定理やパズル的な定理の証明にゲーム感覚でたくさん触れ，全員が学んだ充実感を得られる内容です。

　授業の目標は，パズル的な定理の証明にたくさん触れることで，図形を多様な見方でとらえる力を伸ばし，三平方の定理の理解を深めることです。

❷ 授業の実際

① となり同士の2人でウオーミングアップしよう

　まずは，となり同士の2人で，三平方の定理の問題を出し合います。

　三平方の定理は，斜辺の2乗が残りの辺の2乗の和に等しくなります。ですから，まずはどこが斜辺かをきちんととらえられることが重要になります。

そこで，教師が大きな三角定規を手に，
「この辺の2乗は？」
と三角定規の斜辺を指さして問いかけ，生徒には指で辺を指させながら，
「この辺の2乗＋この辺の2乗」
と答えさせます（斜辺以外を指さした場合は，「この辺（斜辺）の2乗－この辺の2乗」と辺を指さして答えさせます）。

三角定規を持つ向きを変えるだけでも，どこが斜辺かわからなくなる生徒もいます。5問程度全体の場で出題して答えさせたところで，今度は同じことをとなり同士のペアで4問ずつ出題し合い，答えさせます。

間違えた場合は1問追加というルールを設けてもよいでしょう。

② 証明の仕方を説明しよう

次に，上原永護先生（群馬県）のサイト※にあるflash教材をプロジェクタで生徒に見せ，三平方の証明を生徒に考えさせます。

まず全員を立たせたうえで，右のflash教材の1つを黒板に投影し，ときには止めて，繰り返し動く図を見せます。

そして，証明が理解できたら，相手を自由に決めて説明し，説明できたら座る，スタンドアップ方式による学び合いを行います。

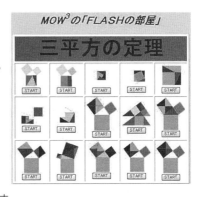

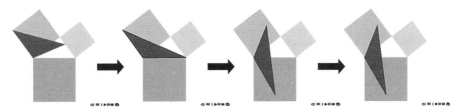

※ MOW MOW MOW の部屋
　三平方の定理のflash教材は http://www.mowmowmow.com/math/flash/sanheiho/index.htm

　生徒たちは証明を理解しようと，食い入るように黒板上の動く図形を見つめます。4回目から5回目を見せるあたりで「あっ」「そうか」と声が出始め，それぞれに説明を始めます。こうなってくればしめたものです。

　全員が着席したところで生徒を指名すると，嬉々として黒板上で説明してくれるはずです。

　電子黒板ではなく，画面を黒板に投影するのは，

投影した図に，チョークで手軽に書き加えられるからです。動画の残像を示すことも可能になり，これにより，何に注目して，それがどのように動いているのかを説明しやすくなります。

　同じようにして，別な図を全部で4問程度，繰り返し行います。繰り返していくと，説明しながら「先生，そこで止めて」「1つ戻して」と指示を出し，証明のポイントをわかりやすく説明する生徒も出てきます。

　これは玉置崇先生（愛知県）に教えていただいたアイデアですが，プロジェクタを横にスライドさせていくと，この授業での追究の跡を，右の写真のように，きれいな板書として残すことができます。

> **ここが POINT！**
>
> 　直角三角形の斜辺の位置を正しく認知できない生徒も，学級の中には何人かいます。ですから，授業の最初に行うとなり同士でのペア学習は，全員に理解させるための大事なステップです。
>
> 　平行移動や回転移動，等積変形など，これまでに学習した様々な図形の見方が並びます。何度も図を見て説明し合うことで，理解が確かになります。その結果がどれも $a^2 + b^2 = c^2$ となることから，生徒は安心感や達成感を得やすいようです。
>
> 　実際の授業の生徒の感想に，次のようなものがありました。
>
> > 直角三角形は同じようになっていてすごかった。おもしろかった。
> > 証明は難しい。最初はよくわからなかった。でも説明してみると，自分がわからなかったことが，わかるようになったからよかった。
>
> 　説明することの価値を実感したこのような感想を，授業の中で紹介していくと，学び合いに積極的に取り組む雰囲気が醸成されていきます。

【著者紹介】

武藤　寿彰（むとう　としあき）
1963年静岡県生まれ。1985年早稲田大学教育学部理学科数学専修卒業後，静岡市の公立中学校に勤務し，現在に至る。
ICTを活用し生徒の問いを追究する授業や，学び合いを取り入れた授業実践を，日本数学教育学会研究大会やT3Japan年会で発表。近年は総合的な学習についても研究発表を行っている。
JAPET主催コンピュータ教育実践アイディア賞において，2007年日本教育工学振興会会長賞，2011年文部科学大臣賞を受賞。
日本数学教育学会，日本生活科・総合的学習教育学会に所属。
（著書）
『中学校新数学科　数学的活動の実現　第3学年編』（明治図書／共著），『発問＆板書で丸わかり！　中学校新数学科授業ライブ　第3学年編』（明治図書／共著），『中学校編　とっておきの道徳授業11』（日本標準／共著）

ペア，スタンドアップ方式，4人班でつくる！
中学校数学科　学び合い授業スタートブック

| 2015年8月初版第1刷刊 | ©著　者 | 武　藤　寿　彰 |
| 2017年2月初版第4刷刊 | 発行者 | 藤　原　久　雄 |

発行所　明治図書出版株式会社
http://www.meijitosho.co.jp
（企画）矢口郁雄（校正）大内奈々子
〒114-0023　東京都北区滝野川7-46-1
振替00160-5-151318　電話03(5907)6701
ご注文窓口　電話03(5907)6668

＊検印省略　　　　　組版所　株式会社明昌堂

本書の無断コピーは，著作権・出版権にふれます。ご注意ください。

Printed in Japan　　　　ISBN978-4-18-184410-3
もれなくクーポンがもらえる！読者アンケートはこちらから　→